Janet Lindemann

Glücksorte auf Rügen

mit Hiddensee & Stralsund

Dieses

Glücksbuch

ist für

Liebe Glücksuchende,

leuchtend weiße Kreidefelsen, türkisblaues Meer, feinster Sandstrand, schattige Buchenwälder, weiße Villen, Märchenschlösser:
Auf der Insel Rügen findet jeder seinen ganz persönlichen Glücksort. Wer Trubel liebt, ist in den Ostseebädern bestens aufgehoben. Tagsüber schlendert man über Strandpromenaden und Seebrücken. Abends kommt man zum Cocktailschlürfen in einer Bar zusammen. Wer Stille sucht, ankert an einem Naturstrand im Süden der Insel. Vielerorts ragen steile Kliffs in den Inselhimmel. Uferschwalben haben in den Felswänden ihre Rückzugsorte. Höchste Glücksgefühle löst ein glutroter Sonnenuntergang am Strand aus. Den genießt man am besten mit Wein, Bier (natürlich aus einer Brauerei der Region) und lieben Freunden am Lagerfeuer. Einer der schönsten Plätze dafür ist der Strand von Hiddensee. Pures Lebensglück verspricht ein Bummel durch die schmalen Gassen der Stralsunder Altstadt. Die Insel Rügen mit Hiddensee und Stralsund macht glücklich. Hier findet garantiert jeder sein Lieblingsplätzchen. Leinen los und auf zu neuen Ufern!

Ihre Janet Lindemann

Deine Glücksorte …

... noch mehr Glück für dich

Treibholz voller Lebensfreude

1 Ein Tag am Meer in Putbus

„Unsere Kreativwerkstatt ist unser Glücksort." Für die in Putbus lebenden Rüganer Benjamin Treu und Juliane Dressel sind es kleine Dinge, mit denen sie Großes bewirken. Aus Meerglas, von Wind und Wellen geschliffenen Hölzchen, Herzmuscheln, Steinchen und anderem Treibgut gestalten sie herzerfrischende Gute-Laune-Figuren und Bilder. Zum Beispiel „Woodstock": Das sind fünf windschiefe Hölzchen mit Flower-Power-Bemalung im blauen Rahmen. Das „Rock concert" besteht aus 30 flachen, aneinandergereihten Steinchen mit offenen Mündern und Kulleraugen. Diese Kulleraugen und die fröhlichen Münder machen die Figuren zu etwas Besonderem. Inselweit sieht man sie. Vor dem Eishafen in Schaprode zum Beispiel stehen zwei bunt bemalte Stämme in beachtlicher Größe.

Jule und Ben sind Künstler, Lebenskünstler und Überlebenskünstler. Juliane hat Baltic Management in Stralsund studiert, Benjamin ist gelernter Tischler und erfahrener Gastronom. Unweit vom fürstlichen Theater haben sie sich mit ihrer Kreativwerkstatt ihren ganz persönlichen Glücksort geschaffen und fertigen mit Hilfe von lieben Freunden Objekte, Bilder und Schlüsselanhänger aus Treibgut. Sie verarbeiten, was die See an Land spült: Aus hölzernen Eisstäbchen werden Ohrringe, aus verrosteten Kronkorken Teile einer Wanduhr. Die fantasievollen Werke verkaufen sie im angrenzenden Lädchen mit Blick in den Schlosspark. Die Teile sind so begehrt, dass die Nachfrage manchmal sogar das Angebot übersteigt. Kein Wunder: Das Betrachten der Bilder und Figuren löst reine Glücksgefühle aus, ihre Werke stecken voller Lebensfreude. Und von beidem kann man eben nie genug haben. Man spürt, dass Jule und Ben ihren Traum leben: Im Herbst, wenn der Sturm über die Insel hinwegzieht und Treibgut an die Strände spült, verlagert das Kreativteam seinen Arbeitsplatz nach draußen. Dann wird gesammelt, was Wind und Wellen hergeben, um aus den Schätzen des Meeres in stillen Momenten neue Werke voller Strahlkraft zu fertigen.

- Ein Tag am Meer, Alleestraße 7, 18581 Putbus, Tel. (03 83 01) 88 83 09
- ÖPNV: Bus 30 und 31, Haltestelle Circus; Rasender Roland, Haltestelle Putbus

Schillings Wohnzimmer

2 Die Leuchttürme vom Kap Arkona

Ursprünglich schnaufte die historische Schmalspurbahn Rasender Roland sogar bis zum Nordzipfel. Doch das ist mindestens genauso lange her wie der Ärger des Architekten Schinkel darüber, dass das Dach seines Baus am Kap Arkona nicht ganz dicht war. Der Schinkelturm gab erstmals im Jahr 1828 Lichtzeichen ab. Pommer'sche Kaufleute setzten sich nach der Übergabe der Insel von Schweden an Preußen bei der neuen Regierung dafür ein, dass an vorgelagerten Punkten Leuchtfeuer entstehen, um ihre Handelswaren auf dem Seeweg vor dem Untergang zu bewahren. Die Kleinbahnstrecke von Fährhof bis nach Altenkirchen nahe dem Kap Arkona wurde 1896 eröffnet. Heute weht am Kap ein anderer Wind: Zu den Leuchttürmen fährt eine gasbetriebene Bahn auf Rädern. Im 21 Meter hohen Schinkelturm können Verliebte in den Hafen der Ehe einlaufen, ein maritimes Museum besuchen und die grandiose Aussicht auf die Ostsee genießen. Zum Königlichen Leuchtfeuerwärter wurde „Lampenwärter" Carl Eduard Schilling bestellt. Mit Frau und acht Kindern bewohnte er anfangs Keller und Erdgeschoss. Zeitgleich betrieb er am Kap eine Gastwirtschaft und vermietete Zimmer für drei Reichsmark die Nacht. Im März 1905 wurde der Schinkelturm außer Dienst gestellt. Lichtsignale schickt seitdem der neue, 35 Meter hohe Leuchtturm nebenan über die See. Seine Laterne leuchtet 75 Meter über dem Meer. Elf Jahre wurde der Turm aufgrund seiner auffallenden Markierung – schwarze und rote Streifen – Ringelsocke genannt. Da die Farben nicht atmungsaktiv waren, wurden sie 1991 bei Sanierungsarbeiten wieder entfernt. Der letzte Leuchtfeuerwärter Arkonas verließ 1977 seinen Arbeitsplatz. In diesem Jahr wurde das Leuchtfeuer automatisiert und der Leuchtfeuerwärter nach Karlshagen auf Usedom versetzt. 45 Meter hoch ist die Steilküste am Kap Arkona. Johannes Brahms, Theodor Fontane, Gerhart Hauptmann und Caspar David Friedrich waren schon an diesem besonderen Ort. Weit reicht der Blick und wer Glück hat, sieht sogar die dänische Insel Møn.

- Leuchttürme Kap Arkona, 18556 Putgarten
  www.kap-arkona.de
- ÖPNV: Bus 14, Haltestelle Putgarten oder Kap Arkona

Weite und Freiheit spüren

3 Hoch hinaus im Jagdschloss Granitz

Eine gusseiserne und scheinbar frei schwebende Wendeltreppe windet sich wie eine Schlange an der Außenmauer hinauf zum Mittelturm. Mit jedem Schritt kommt man dem Himmel ein Stück näher. Mutige voran! Denn durch die 154 schmucken Stufen geht der Blick in die Tiefe. Nichts für schwache Nerven und schon gar nichts für Menschen mit Höhenangst. Aber bei einem Blick über das weite Inselland werden Glücksgefühle frei, denn das Jagdschloss Granitz thront auf dem Tempelberg: mit 106 Metern die höchste Erhebung weit und breit. Die Halbinsel Mönchgut mit ihrer zerklüfteten Küste, die türkisblaue Ostsee mit ihren feinen Sandstränden, die weißen Villen der Badeorte, die grünen Buchenwälder der Stubnitz wirken aus schwindelerregender Höhe wie ein Gemälde. Spätestens bei diesem Anblick wird dem Betrachter klar, was den Fürsten von Putbus im 19. Jahrhundert dazu bewog, in dieser Idylle sein Jagdschloss zu errichten. In den schmucken Sälen trafen sich einst seine feinen Gäste und gingen von hier aus zur Jagd in die wildreichen Wälder der Granitz, aßen von wappengeschmückten Tellern oder verbrachten gesellige Abende bei Billardspielen. Nach einem Schlossbrand in Putbus wohnte die Fürstenfamilie selber hier. Die Wände im Marmorsaal sind mit Edelholz und Marmor verkleidet. Im Rittersaal ist die Archäologiesammlung des Fürsten zu sehen, gekachelte Wände und Stuckdecken mit Ornamenten sind im Erdgeschoss zu finden. Ein Blickfang ist ein Ritter, der sich bei genauem Hinsehen als Ofen entpuppt. Zu den Schätzen gehört das Reisetagebuch der Fürstin Wanda Marie zu Putbus, das sie 1861/62 in Ägypten schrieb. Das Glück war den liebenswerten Schlossgeistern im Jahr 2010 hold, als neun wertvolle, lang verschollen geglaubte Stickereien der Fürstin in Potsdam auftauchten. Auch die sind in dem prachtvollen von dem Berliner Architekten Johann Gottfried Steinmeyer entworfenen Prunkbau zu bewundern. Der 38 Meter hohe Mittelturm trägt übrigens die Handschrift von Karl Friedrich Schinkel, oberster Baubeamter Preußens.

TIPP
Ein Erlebnis sind die Vollmondwanderungen zum Jagdschloss, angeboten über die Kurverwaltung Binz.

● Jagdschloss Granitz, 18609 Binz, Tel. (03 83 93) 6 67 10
www.jagdschlossgranitz.de
● ÖPNV: Rasender Roland und SchlossBus 28, Haltestelle Jagdschloss; Bus 20, Haltestelle Lancken-Granitz; Bus 22, Haltestelle Binz Kleinbahnhof Ost

61 Minuten Lebensglück

4

Sankt-Marien-Kirche und Klosterhof in Bergen

Ein Ort der Stille ist die eindrucksvolle Sankt-Marien-Kirche am belebten Marktplatz. Eindrucksvoll, weil es sich bei dem Gotteshaus aus der Zeit der frühen Christianisierung nicht nur um die älteste Stadtkirche der Insel handelt. Einzigartig sind die spätromanischen Originalgemälde mit ihren biblischen Motiven, die heute von unschätzbarem Wert sind. Chor und Querschiff sind komplett ausgemalt. Bei Restaurierungsarbeiten bis 1903 wurde ein großes Areal freigelegt und fehlende Teile wurden ergänzt. Dass Bergen der Zeit voraus ist, wird bei einem Blick auf das Ziffernblatt an der Stadtkirche deutlich. Auch wenn dem Glücklichen keine Stunde schlägt – 61 Minuten? Nun mag manch einer denken: Jetzt schlägt es 13 – oder 61! Wie es dazu kam? Bei einem kräftigen Herbststurm – und die Stürme können auf Rügen sehr heftig sein – wurde das Ziffernblatt so schwer beschädigt, dass ein neues angefertigt werden musste. Doch anstelle der 60 Löcher für die Minutenpunkte bohrten die Handwerker 61 … Bergens Stadtkirche jedenfalls ist von so großer Bedeutung, dass sie in die Europäische Route der Backsteingotik und in das Denkmalprogramm National wertvolle Kulturdenkmäler aufgenommen wurde.

TIPP
Ein Besuch des Rugard-Turmes mit seiner Glaskuppel. Der Blick von hier aus reicht weit über die Insel.

Der angrenzende Klosterhof wurde mit der Marienkirche 1193 geweiht. Einst lebten hier 20 Nonnen aus Roskilde. Heute sind in den ehemaligen Stiftsgebäuden Schauwerkstätten zu finden. Die dicken Klostermauern bieten Keramikern, Fotografen und Filmemachern Raum zum kreativen Schaffen. Direkt nebenan befindet sich das Museum der Stadt. Wer durch die mit Efeu umrankte Eingangstür tritt, findet sich in der Frühzeit Rügens wieder. Hier wird die wechselvolle Geschichte der Insel bis ins 19. Jahrhundert aufgezeigt. Einige Inselbewohner würden es begrüßen, wenn der 2018 von ehrenamtlichen Bodendenkmalpflegern bei Schaprode aufgespürte spektakuläre Silberschatz mit Münzen aus der Zeit des einstigen Dänenkönigs Harald Blauzahn (um 910 bis 987 n. Chr.) hier einen festen Platz finden würde. Ein Glücksfall für die Inselhauptstadt wäre es in jedem Fall.

- Sankt-Marien-Kirche, Kirchplatz 3, und Klosterhof mit Stadtmuseum, Billrothstraße 20 a, 18528 Bergen auf Rügen
  www.stadt-bergen-auf-ruegen.de
- ÖPNV: RE 9, Haltestelle Bergen auf Rügen; zahlreiche Busse, Haltestelle Markt

Behütet und beschattet

5

Im Schlosspark Pansevitz

Wer unter dem schützenden Blätterdach hochgewachsener Buchen auf der Liebesinsel verweilt, fühlt Geborgenheit und Frieden. Der Blick schweift über Herzteich und Wundersee, über Wiesen und zu Baumriesen. Der Schlosspark Pansevitz im Westen der Insel Rügen ist ein Ort der Stille, der Liebe und Inspiration, aber auch der Vergänglichkeit und des Loslassens. Auf der Liebesinsel – erreichbar über eine hölzerne Brücke – lässt es sich ganz wunderbar verweilen, träumen, staunen. Über die Wunder des Lebens zum Beispiel. Seerosen blühen auf dem Teich ringsum. Libellen tanzen. Ein Liebespärchen schaut von einer hölzernen Bank in die Sonne und lauscht dem Rauschen der Blätter. Zeichen der Zuneigung finden sich auch in den Baumrinden wieder: Herzen und Jahreszahlen.

TIPP

Der Verein Hinterland Rügen führt regelmäßig Theaterstücke im Schlosspark auf: www.rotekugel.com

Zu Füßen einiger uralter, aber auch frisch gepflanzter Bäume im Schlosspark finden Menschen ihre letzte Ruhe. Ein Teil des Parks wurde im Jahr 2006 zum Friedwald erklärt. Noch zu Lebzeiten können sich Menschen hier ihre letzte Ruhestätte aussuchen. Soll es eine standhafte und stark verwurzelte Eiche sein? Oder lieber eine Kastanie mit ihrem tiefen Wurzelwerk? Oder eine Esche, in der nordischen Mythologie der Weltenbaum, der für Wandel und Transformation steht? Im Wandel ist auch der Schlosspark. Bis ins 19. Jahrhundert veränderte sich nicht nur der barocke Park zum englischen Landschaftsgarten, sondern auch das Aussehen des im 16. Jahrhundert errichteten Herrenhauses. 1945 wurde es enteignet und ist heute nur noch eine Ruine. Die Stiftung Schlosspark Pansevitz kümmert sich nun um die verbleibenden Gebäudeteile und den Park. Der Turm des Südflügels ist dank einer Stahltreppe wieder begehbar, die Ruine gesichert. Das zur Hofanlage gehörende Kavaliershaus wurde saniert, Teiche wurden entschlammt. Herrlich belebend ist ein Spaziergang durch die Linden-Alleen mit ihren hochgewachsenen Bäumen. Hier lässt es sich verweilen, in der Stille können wir ganz in uns selbst eintauchen.

- Schlosspark Pansevitz, 18569 Gingst
www.stiftung-schlosspark-pansevitz.de
- ÖPNV: Bus 35 und 38, Haltestelle Abzweig Gagern

Zum Lachen in den Keller

6

Das Kabarett-Theater Lachmöwe in Baabe

Wer lacht, lebt länger. Dass Humor eine besondere Heilkraft besitzt, wissen auch Markus Tanger und das Team der Lachmöwe. Seit Jahrzehnten haben sie sich dem politisch-satirischen Kabarett verschrieben und 2004 die Kabarett-Bühne Lachmöwe gegründet. Ihr Anspruch: ein hoher Unterhaltungswert und größtmögliche Spielfreude. Glückliche Gesichter und ausverkaufte Vorstellungen lassen auch sie strahlen. Direkt an der Laufmeile in Baabe – im Kellertheater unter dem Strandhotel – betreiben sie, äußerst erfolgreich, eines der wenigen nicht subventionierten Theater in Deutschland. Von Ostern bis Oktober und über den Jahreswechsel bieten sie ein buntes Programm.

Um Generationskonflikte und den Umgang mit den „Pubertieren" beschäftigt sich das Programm „Für Pubertät ists nie zu spät". Zwischenmenschliche Konflikte beleuchtet das Stück „...und die Katze hat zugeschaut". Seit mehreren Jahren erfreuen „Mann mit Grill sucht Frau mit Kohle", „K(l)assentreffen – eine Abrechnung" und „Irgendwas schmeckt immer" die Zuschauer. Jedes Jahr gibt es zwei bis drei Premieren, alles eigene Produktionen.

Doch die Kabarettisten rocken nicht nur alleine die Bühne, sondern machen sie auch frei für andere Größen der Kleinkunst-Szene: für das mit Kleinkunstpreisen überhäufte Musik-Kabarett „Zärtlichkeiten mit Freunden", für Sängerin und Schauspielerin Anna Mateur, Trägerin des Deutschen Kleinkunstpreises, oder für die Kabarettisten Frank Lüdecke, Lothar Bölck und Frowin.

In der Lachmöwe sitzt man ganz gemütlich an kleinen Tischen, das Licht ist gedimmt, die rot gestrichenen Wände sind mit Aufnahmen von Theaterszenen dekoriert. Die Kabarettisten kümmern sich höchstpersönlich um das Wohl ihrer Gäste und sind Kartenverkäufer, Flammkuchen-Überbringer und Wein-Einschenker in einem. Ein Rundum-sorglos-Paket.

- Kabarett-Theater Lachmöwe, Strandstraße 24, 18586 Baabe, Tel. (03 83 03) 9 90 75
www.kabarett-lachmoewe.de
- ÖPNV: Bus 20, Ortsbus 25 und Rasender Roland, Haltestelle Baabe; Bäderbahn, Haltestelle Mutter-Kind-Kurklinik

Oase im stillen Inselwesten

7 In der Kultur- und Wegekirche Landow

Ein Ort der Stille und des Friedens ist Landow. Abgeschiedenheit und paradiesische Natur machen den Reiz dieses Landstrichs aus. Der ehemalige Pfarrort wirkt verschlafen. Ringsum Wiesen, Felder, Kühe und Pferde, schmucke Häuschen lugen zwischen hochgewachsenen Kastanien hervor. Die Meeresbucht Landower Wedde ist nur einen Steinwurf entfernt und der nächste größere Ort etwa acht Kilometer. Ja, nicht einmal eine Bushaltestelle gibt es hier. Wer die Einfachheit und Beschaulichkeit liebt, das Ursprüngliche und Ungezähmte, wird hier glücklich. Die mehr als 700 Jahre alte Kultur- und Wegekirche auf der Europäischen Route der Backsteingotik darf durchaus als Energie-Tankstelle bezeichnet werden. Hier finden Besucher nicht nur Trost und Hoffnung, der alljährlich stattfindende Landower Musiksommer beflügelt zudem alle Sinne. Regelmäßig wird zu Lesungen, Theater- und Filmaufführungen, Konzerten und Ausstellungen in und um die Fachwerkkirche eingeladen. Auch die Festspiele Mecklenburg-Vorpommern haben den Ort für sich entdeckt. Immer ist die Atmosphäre stimmungsvoll und herzlich.

TIPP
Besucher sind von Ostern bis Ende Oktober täglich von 9 bis 19 Uhr willkommen.

Für die Veranstaltungen und den Erhalt der Kirche setzt sich heute der Freundeskreis Kirche zu Landow e.V. ein. In den 1970er-Jahren wurde die kaum genutzte Kirche mit ihrem Feldsteinfundament und dem Fachwerkturm an der rumpeligen Kopfsteinpflasterstraße aufgegeben und verfiel. Engagierte DDR-Bürger haben sie in den 1980er-Jahren vor dem endgültigen Verfall bewahrt und eine Notsicherung durchgeführt. Inzwischen sind Dach und Fach gesichert, ebenso Altaraufsatz und Taufbecken. Wer meint, dass Landow schon immer fernab von allem Trubel war, wird bei einem Blick in die Ortschronik eines Besseren belehrt. Die Kirche steht an der alten Salz- und Heringsstraße, ein bedeutender Handelsweg des Mittelalters, und am Jakobsweg. Doch die Hauptverkehrswege auf der Insel verlagerten sich in den zurückliegenden Jahrhunderten. Und so darf Landow heute durchaus als Ort der Stille und des Friedens bezeichnet werden.

- Kultur- und Wegekirche Landow, Landow 2, 18573 Dreschvitz
  www.kirchelandow.de
- ÖPNV: Bus 41, Haltestelle Dreschvitz, 2,3 Kilometer Fußweg

Herrlich unperfekt

8 Der Hexenwald Semper

Oft ist es das Unperfekte, was wirklich schön macht. Perfekt gestylt, schlank, faltenfrei. Die Latte hängt hoch. Perfektionismus in seiner höchsten Form. Nackt ins Meer springen? Barfuß durch den Regen laufen? Bloß nicht!? Was könnten nur die anderen denken? Wer seinen Schalter von perfekt auf glücklich legt und sich von allen Zwängen befreit, wird mit schönstem Seelenfrieden belohnt. Scheinbar so wichtige Dinge wie der flache Bauch, das graue Haar, der schiefe Mund, die Narbe im Gesicht bekommen keine Aufmerksamkeit und Energie für Lebensfreude und Genuss wird frei. Und wie sieht es eigentlich bei den Bäumen aus? Herrlich unperfekt sind die Buchen im Hexenwald Semper bei Lietzow. Ihre Stämme sind skurril geformt. Äste wachsen wild und haltlos, zusammen bilden sie ein grünes Zelt. Wer dort eindringt, begibt sich auf eine Fantasie-Reise. Ist das nicht eine Hexe? Bäume beim Liebesspiel? Schlangen, Drachen? Aber das kann doch gar nicht sein. Die Bäume hier wachsen – einfach. Sie entsprechen nicht der Norm und sind anders als ihre Brüder und Schwestern auf der Insel und gerade das macht sie so anziehend. Süntelbuchen werden sie genannt und die pfeifen auf Anpassung.

Es ist äußerst lohnenswert, den Pfad zum Hexenwald zu verlassen und der Wasserturmruine aus Feldsteinen am Wegesrand gebührende Aufmerksamkeit zu schenken. Oder den Kaskadenteichen, den uralten Eichen und der Rhododendronallee. Wer sich Zeit nimmt und den Waldpark erwandert (vielleicht barfuß?), lauscht und träumt, erlebt ein tief befriedigendes Wohlgefühl. Die Baumriesen bieten Frieden und Sicherheit. Das schöne Leben ist jetzt und hier. Und dann? Ab an den Strand, denn die Badebucht von Lietzow ist ein Traumziel. Tagsüber ist sie Bade- und Surfparadies: Das Wasser ist flach, ohne Strömung und hohe Wellen, und der Strand ist naturbelassen. Die Sonnenuntergänge sind paradiesisch. Klamotten aus und rein. Das macht wirklich glücklich.

- Hexenwald Semper, 18528 Lietzow
- ÖPNV: Bus 12, RE 9, Haltestelle Lietzow

Gummistiefel zum Glück

9 Rügens Spezialitätenmanufaktur

Wer im Norden der Halbinsel Jasmund auf der Landstraße zwischen Lohme und Glowe unterwegs ist, sollte unbedingt einen Abstecher in das Sechs-Häuser-Dorf Baldereck unternehmen. Der Weg führt geradewegs auf den Hof der Familie Sorge, die hier mit viel Liebe, Lust und guter Laune feinste Naturkost herstellt. Backwaren, Nudeln, Honig und Fruchtaufstriche werden hier das ganze Jahr über produziert. Kunden kommen von weit her, um Sauerteigbrot, Baguettes und Brötchen aus dem Holzbackofen zu ergattern oder ein warmes Stück Streuselkuchen. In einem kleinen Laden präsentiert Familie Sorge ihre gesamte Produktpalette, darunter auch Exoten wie Lavendel- und Thymiannudeln. Auch Obst und Gemüse aus dem Garten wird unverarbeitet zum Verkauf angeboten. Gegründet wurde die Rügener Spezialitätenmanufaktur von Britta-Maria und Frank Sorge im Jahr 2005. Ständig haben sie neue Rezepturen ausprobiert. Die köstlichen Ergebnisse bereichern das Angebot im Hofladen. 2019 haben die Kinder den Hof übernommen, allen voran Janne Sorge. Sie ist jeden Tag dankbar, dass sie in diesem wunderschönen Kleinod leben und arbeiten darf – zusammen mit ihrem Mann Martin und den drei Kindern. Wer so abgeschieden von der Außenwelt lebt – im Winter reichen die Schneewehen manchmal bis zum Dach –, muss kreativ und erfinderisch sein und sich (fast) immer selber zu helfen wissen. Zu tun gibt es immer, und das reichlich. Auf dem Gelände springen Kaninchen und ein Hund herum. Pommersche Landschafe blöken auf einer Wildblumenwiese. Bienen umschwirren Blumenbeete und blühende Obstbäume. In deren Schatten lässt es sich wunderbar verweilen. Der Hof von Familie Sorge ist eine Oase für die Seele. In dieser Idylle lässt sich verlorenes Gleichgewicht wiederfinden. Das gute Gefühl, willkommen zu sein, verleiht Kraft und Stärke. Es lohnt nicht nur der Weg, um sich in der Spezialitätenmanufaktur mit gesunden Lebensmitteln einzudecken, sondern auch um die Stimmung zu atmen.

TIPP

Die ofenwarmen Streuselkuchen am besten direkt vor Ort unter dem Wallnussbaum vernaschen und dazu einen Tee mit Kräutern aus dem Garten genießen.

- Rügener Spezialitätenmanufaktur, Baldereck 9, 18551 Glowe, Tel. (03 83 02) 5 34 48 www.hof-baldereck.de
- ÖPNV: Bus 13 und 14, Haltestelle Ruschvitz

HOLZOFENBROT

Täglich neu

10 In der Kreptitzer Heide regiert die Natur

Wild und ursprünglich: Die Kreptitzer Heide ist (noch) ein echter Geheimtipp. Hoch im Inselnorden zwischen dem Kap Arkona und Dranske ist sie zu finden. Es ist immer wieder erstaunlich, wie rasch sie ihr Gesicht verändert. Wind und Wellen nagen an der Steilküste. Dort, wo gerade noch eine Nase aus Geschiebemergel in die Ostsee ragte, klafft nun ein tiefes Loch in der Wand. An kaum einem anderen Ort ist die Küstendynamik so rasch spürbar wie hier. Mit wehendem Haar (wir befinden uns schließlich auf dem Windland Wittow) und offenem Mund kann man das Spiel der Elemente verfolgen. Die Augen werden weit bei dem Gedanken daran, wie die Küste wohl in zehn Jahren aussehen mag. Doch der Sand ist keineswegs verschwunden. An anderer Stelle auf der Insel wird er wieder angespült. Am Strand kann man Donnerkeile und Hühnergötter finden. Und überhaupt die schönsten Sonnenuntergänge betrachten. Der Leuchtturm Dornbusch schickt in der Dunkelheit seine Lichtstrahlen herüber. Hier spürt man Weite und grenzenlose Freiheit. Aus den Steinen lassen sich Türmchen bauen oder andere Gebilde. Hier hat man ausreichend Raum für Kreativität. Als Blockstrand bezeichnen Fachleute den Küstenabschnitt. Hier findet man Brocken von mindestens 20 Zentimeter Durchmesser. Weil es kaum Zufahrten gibt, ist er oft menschenleer. Das Wellenrauschen, das Wolkentheater, das besondere Licht der Insel und das sich stets verändernde Kliff beflügeln die Fantasie. In der Heidelandschaft weiden Schafe. Silbergras, die Sandstrohblume und die Grasnelke werden von Hummeln umschwirrt. Seltene Orchideen wachsen hier. Im Frühjahr und Herbst ziehen Kraniche über das Naturschutzgebiet hinweg. Ein beeindruckendes Schauspiel. Knapp 100 Hektar sind als Naturschutzgebiet Nordwestufer Wittow und Kreptitzer Heide ausgewiesen, 50 Hektar davon sind Wasserfläche. Die Kreptitzer Heide ist eine von Menschenhand weitestgehend unberührte Schönheit. Hier regiert die Natur.

- Kreptitzer Heide, 18556 Dranske
- ÖPNV: Bus 13, Haltestelle Dranske oder Dranske-Lancken, weiter zu Fuß am Steilufer entlang in Richtung Kap Arkona

Geschichte und Geschichten

11 Auf Zeitreise im Fischerdörfchen Vitt

Es war einmal ein Fischerdorf im Norden der Insel Rügen, das schon vor 1000 Jahren existiert haben soll. Auf der Halbinsel Wittow gelegen war dort einer der wichtigen Handelsplätze für den Heringsfang. Die Fischer und Kaufleute ankerten dort, feilschten, tauschten und verkauften. „Vittas" wurden die Hütten genannt, in denen der frisch gefangene Fisch verpackt wurde, bevor er ins Innere der Insel Rügen und auf das Festland gefahren wurde. Aus der bedeutendsten dieser Vitten entwickelte sich ein kleines Dorf, das 1290 erstmals urkundlich erwähnt wurde. Fürst Witzlaw II. gab dem Dorf Vitt das Recht und die Freiheit des Fischfangs. Und wer heute den Weg dorthin findet, kann den Gedanken nicht verdrängen, dass sich seit damals nicht viel verändert hat. Tatsächlich wurde Vitt erst 1946 an die Stromversorgung angeschlossen, und erst 1980 gab es eine zentrale Wasserleitung, die den Brunnen im Zentrum als einzige Wasserversorgung ersetzte. Doch alleine der Weg dorthin ist schon eine Zeitreise, denn motorisierte Fahrzeuge sind nur für die gewerbetreibenden Anlieger erlaubt. Putgarten ist der nächste mit dem Auto erreichbare Ort, von dort ist es nur etwa ein Kilometer, den man zu Fuß zurücklegen kann. Oder man fährt mit der Bahn oder dem Fahrrad – oder wie einst mit der Pferdekutsche. Staubig sind die unbefestigten Straßen zwischen den wenigen reetgedeckten Häusern, dicht und hoch die Bäume und Sträucher, die sie umschließen. Man geht durch den Ort, der ein Museumsdorf sein könnte und es doch nicht ist. Der Duft der Räucherei am Hafen liegt in der Luft, der Blick geht über das weite Meer, am Abend streift das Licht des nahen Leuchtturmes von Kap Arkona über die Dächer. Den besten Blick dorthin hat man oberhalb des Dorfes bei der achteckigen Kapelle, die vor 200 Jahren dort für die Fischer errichtet wurde, weil sie in der Heringsfangsaison keine Zeit hatten, ihren Ort zu verlassen. So war das einmal. Und heute kommt man nach Vitt, und alles duftet nach Geschichte und Geschichten.

- Fischerdorf Vitt, 18556 Putgarten
  www.fischerdorf-vitt.de
- ÖPNV: Bus 14, Haltestelle Putgarten oder Kap Arkona

Stoffe zum Träumen

12 Frau Fadenrot in Kloster

Anka Carls ist Schöpferin. Wenn sie sich aus der Fülle lieblich gemusterter Stoffe für einen entscheidet, um daraus DAS Kleid oder DAS Oberteil nach eigenen Vorstellungen zu kreieren, ist das für sie wie Meditation. Mit Liebe zum Detail, Ideenreichtum und Sinnlichkeit stellt sie in ihrem Hamburger Atelier eigene Kollektionen her, entwirft, schneidert, probiert. „Fadenrot" nennt sich ihr Label. Inspiration und Motive findet sie auf Hiddensee: Schiffe, Anker, Männer mit Bärten, Seefrauen, ihre Stoffe unter anderem in Skandinavien und in Deutschland. Ihre Kleidungsstücke bestechen durch ausgezeichnete Verarbeitung, feinste Materialien und kräftige Farben. Klar, dass Rot die vorherrschende Farbe ist. Sie zeugt nicht zuletzt von der Leidenschaft, die Anka Carls beim Kreieren packt. Mit Geschicklichkeit und Sensibilität setzt sie ihre Entwürfe um. Es ist Ankas Traum von einem erfüllten Leben, zu dem neben ihrem Label auch ihr Mann – ein begeisterter Surfer – und zwei Söhne gehören. Immer, wenn sie die Muse küsst, entwirft sie ihre Kollektionen für die nächste Saison. Danach folgt eine Phase der Hektik, damit die Lieblingsstücke rechtzeitig zur Sommersaison fertig werden. Die verbringt sie traditionell von Ostern bis Ende August in ihrem Lädchen Frau Fadenrot auf der Insel Hiddensee. Dabei hat sie auch immer Schätze von kleinen Manufakturen, die sie begeistern und zu ihren Kollektionen passen. Alljährlich setzt die gebürtige Stralsunderin am Kirchweg die Sonnensegel und präsentiert ihre Sachen im Vorgarten zwischen einem Blütenmeer aus Sonnenhüten und weiß getünchter Hauswand sowie auf der winzigen, zum Verkaufsraum umgestalteten Veranda, liebevoll mit alten Koffern und Bildern dekoriert. Ankert Anka auf der Insel: Das wird gefeiert! Gastgeberin Almut Ebbinghaus, die das Haus mit der Galerie in dritter Generation führt, gehört zu ihren größten Fans. Hiddenseetreue Kunden freuen sich alljährlich auf ihre Schöpfungen, die sie traditionsbewusst in Handarbeit herstellt. Glück, das man für wenige Wochen im Jahr auf Hiddensee greifen kann.

- Frau Fadenrot, Kirchweg 26, 18565 Kloster, Tel. (03 83 00) 6 04 29
  www.fadenrot.de
- ÖPNV: Inselbus 59, Haltestelle Kloster Weißer Weg oder Hafenweg

GALERIE DWARSLOPER
closed

Ein Ort voller Geschichten

13 Nistelitz: uriges Zuhause fern der Welt

Wie ein Museumsdorf kommt die winzige Ortschaft Nistelitz im Biosphärenreservat Südost-Rügen südöstlich von Putbus daher. Man fährt nicht ohne Weiteres hindurch. Man erreicht es nur, wenn man von der alten Bäderstraße auf dem Weg in die Seebäder gegenüber der Einfahrt nach Groß Stresow nach links abbiegt. An der rumpeligen Kopfsteinpflasterstraße befinden sich größere Gehöfte mit weißen, reetgedeckten Häuschen. Man mag kaum sagen, welches der Gebäude am eindrucksvollsten ist. Jedes Haus steckt voller Geschichte und Geschichten. Da wäre zum Beispiel das Zuhause von Reinhard Börst, früherer Theatermaler und Sammler von historischen Gegenständen. Sein Haus gleicht einem Rügenmuseum, sein Garten einem Abenteuerspielplatz für Große. Sein von Mönchgut stammender Küchentisch ist mehr als 300 Jahre alt, eine Truhe im Wohnzimmer stammt aus der Napoleon-Zeit. Wer ihn nach der Geschichte des Dorfes und der Insel Rügen fragt, erhält nicht nur Antworten. Manchmal holt er alte Bücher hervor und liest daraus vor. Ein weiteres Haus bewohnt Töpferein Barbara Sammler. Hier findet sie die nötige Ruhe zum kreativen Schaffen. Allerdings nur für wenige Monate im Jahr. Sogar eine Nistelitzer Tasse hat sie kreiert. Moderne Sachen versucht sie im Haus zu vermeiden. Es soll urig bleiben.

Die Einwohner von Nistelitz setzen sich für den Erhalt ihres Dorfes und der angrenzenden Ortschaften ein. So regte sich massiver Widerstand aus ihren Reihen, als einer der letzten Dreiseitenhöfe im Nachbardorf Vilmnitz abgerissen werden sollte. In dem knapp 200 Jahre alten Bauernhaus wurden Teile des berühmten Films „Die Heiden von Kummerow“ gedreht. Positive Nachrichten konnten 2016 vermeldet werden, als zwischen dem Dorf und der Landstraße auf einer Länge von 550 Metern 45 Eichen gepflanzt wurden. Nicht selten passiert es in schneereichen Wintern, dass Nistelitz von der Außenwelt abgeschnitten ist. Doch zum Glück gibt es ja noch die Kleinbahn Rasender Roland, die von der 500 Meter entfernten Haltestelle Seelitz bei Wind und Wetter nach Putbus und Göhren schnauft.

- Nistelitz, 18528 Zirkow
- ÖPNV: Rasender Roland, Haltestelle Seelvitz; Bus 31, Haltestelle Groß Stresow Wendeplatz

Rein in die Ostsee

14 Pures Strandvergnügen in Binz

Das erste Bad in der Ostsee kostet Überwindung. Selbst an heißen Sommertagen schreiben Rügens Rettungsschwimmer kaum mehr als 20 Grad Celsius mit dem Kreidestift auf die Tafeln ihrer Häuschen. Doch wer erst einmal den Sprung in das kühle Nass gewagt hat, bewegt sich fröhlich, frei und unbekümmert darin. Belastungen des Alltags lösen sich in den Wellen auf. Wer sich von ihnen tragen lässt, in die unendliche Weite des Meeres eintaucht, erlebt das Hier und Jetzt in seiner schönsten Form. Nicht zurückschauen, die Sonne im Blick behalten und nicht an morgen denken. Das ist pures Lebensglück. Ein Ort, an dem man dieses Glück erleben kann – und im Sommer mit vielen Menschen teilt –, ist die Badebucht von Binz, auch Prorer Wiek genannt. Der Strand ist breit und feinsandig. Strandkörbe und bunte Strandmuscheln bieten ein Dach für den Ausstieg auf Zeit und schützen vor Sonne und Wind. Weiße Villen und Kiefernwald dahinter bilden eine stimmungsvolle Kulisse. Wenn die Morgensonne die Linie zwischen Himmel und Meer berührt, wird das besondere Licht der Insel erlebbar. Wer die Sonne hier in sein Herz lässt, findet Kraft für den Tag – einfach die Augen schließen und genießen! Schöner kann ein Morgen nicht beginnen. Wer den Kopf frei bekommen und seinen Körper in Form bringen möchte, läuft, schwimmt und schlägt Purzelbäume, denn Platz gibt es dafür bis in die frühen Vormittagsstunden reichlich. Gesunde jodhaltige Luft auch. Mit sehr viel Glück funkelt ein Bernstein zwischen Seetang oder Meerglas und Hölzchen – kleine Wunder des Meeres. Wer trockenen Fußes über das Wasser spazieren und dem Horizont ein Stückchen näher sein möchte, flaniert über die Seebrücke. Sie hat zwar kein schickes Brückenhaus wie ihre Schwester in Sellin, doch legen auch hier Ausflugsschiffe zu den Kreidefelsen und in benachbarte Ostseebäder an. Vom Brückenkopf offenbart sich das eindrucksvolle Panorama von Binz. Wer die Liebe seines Lebens gefunden hat, kann sich am Strand trauen lassen: in einem ehemaligen Rettungsturm. Glück in seiner höchsten Form.

TIPP
Am Binzer Strand gibt es im Sommer Aktiv- und Wassersportangebote, Infos über die Kurverwaltung.

- Ostseestrand Binz, www.ostseebad-binz.de
- ÖPNV: Bus 22 und 27, Haltestelle Binz Ortsmitte; Bus 24, Haltestelle Binz Großbahnhof; RE 9 und Rasender Roland, Haltestelle Binz; Bäderbahn, Haltestelle Jugendherberge

Der perfekte Ton

15 Die Söt Pottery als Ort mit Seele

Durch einen Schicksalsschlag hat Anne Burwitz zu ihrer Berufung gefunden: töpfern. Jahrelang hatte sie Vollzeit-Bürojobs inne, bis ein Verkehrsunfall ihr Leben auf den Kopf stellte. Zusammen mit ihrem Mann Matthias Rohde bewohnt die immerfrohe und äußerst liebenswerte Rüganerin ein schwedengraues Holzhäuschen in der kleinen Ortschaft Parchtitz, keine zehn Autominuten von der Inselhauptstadt Bergen entfernt. Wer das erste Mal zu Besuch kommt, fühlt sich sofort wohl. Durch die bodentiefen Fenster zur Sonnenseite fällt schönstes Tageslicht. Im Wohnzimmer baumelt ein weißer Hängesessel aus Baumwolle von der Decke. Die Küche bietet ausreichend Platz für einen Kaffeeklatsch mit Freunden. Auf den Tisch kommen selbst getöpfertes Geschirr, Schokoladenkekse, Joghurt mit Früchten, Kaffee, ein bunter Wiesenblumenstrauß. Unsere skandinavischen Nachbarn würden „hyggelig“ dazu sagen. In jedem Raum des Hauses und draußen im Garten gibt es etwas zu entdecken. Anne liebt es, ausgedienten Dingen ein neues Gesicht zu geben, so dient ein verziertes weißes Metallbett mit vielen Decken und Kissen als Sommerliege. Man möchte sofort darauf Platz nehmen und den Blütenduft einatmen.

Die Skandinavien zugewandte Anne, die die Nichte von Astrid Lindgren höchstpersönlich kennt, dreht sich die Welt, wie es ihr gefällt. Aus Liebe, Mut und Träumen hat sie sich im Haus ein eigenes Töpferreich geschaffen. Ihr Keramikatelier Söt Pottery ist eine Werkstatt mit schönen und alten Dingen, mit Brennofen und Töpferscheibe. Hier trifft man sie beim Formen und Malen an, beim Tüddeln von Segeln aus Keramik und Strandgut. Ihre Werke bestehen aus weißem Ton, ihre Motive sind vorwiegend maritim. Die Pusteblume, sie steht für die Freiheit, die Leichtigkeit des Seins, aber auch für die Wandlung, gehört zu ihren Lieblingsmotiven. Anne bewahrt ihre getöpferten Schmuckstücke in einem alten Küchenschrank auf, auf einem ausrangierten Küchenherd, in alten Fensterrahmen. Ihre Werkstatt ist ein Ort mit Seele und ihre Keramik hat Persönlichkeit.

- Söt Pottery, Dorfstraße 9 c, 18528 Parchtitz, Tel. (01 76) 43 11 29 99 www.soet-pottery.de
- ÖPNV: Bus 38, Haltestelle Parchtitz Dorf

Zwei Straßen ins Glück

16 Über Rügenbrücke und Rügendamm auf die Insel

Zwei Wege führen ins Urlaubsglück, zwei Brücken über den Strelasund. Der flache Rügendamm wurde 1936 eröffnet und beginnt genau betrachtet erst auf dem Dänholm, einer kleinen Insel zwischen Rügen und Stralsund. Die Verbindung zum Festland sichert die Ziegelgrabenbrücke, eine Zugbrücke, die sich mehrmals am Tag für den Schiffsverkehr öffnet. Als ingenieurtechnisch herausragende Glanzleistung, die ihrer Zeit voraus ist, wird die Rügenbrücke bezeichnet. Seit 2007 verbindet die 2831 Meter lange Schrägseilbrücke, übrigens die einzige in ganz Mecklenburg-Vorpommern, die Hansestadt Stralsund mit der Insel Rügen. Täglich rollen um die 15.000 Fahrzeuge darüber. Das gesamte Bauwerk umfasst 4100 Meter. Das längste der 32 Schrägseile misst 170 Meter, das kürzeste 44 Meter. So weit die Fakten. Vielmehr zählt der Blick vom höchsten Punkt. Und der macht das Herz weit. Der Strelasund und der Südwesten von Rügen liegen direkt von den Augen des Betrachters. Im Frühjahr gehört er den Heringsanglern. Linker Hand der Ort Altefähr mit seinem Hafen und der neuen Strandpromenade. Rechter Hand der Gasthof Grahlerfähre mit seinem Aussichtspunkt. Die Namen verraten es bereits: Beides sind alte Fährstationen aus der Zeit vor der festen Strelasundquerung. „Grahler Fähre" ist erstmals 1587 urkundlich erwähnt, „olde Fähre" bereits 350 Jahre zuvor. In dem einen Ort durfte damals nur gerudert, in dem anderen nur gesegelt werden. Später, bis zur Eröffnung des Rügendamms um genau zu sein, pendelte sogar eine Eisenbahnfähre zwischen Stralsund und Altefähr. Heute befördert sie nur Personen.

TIPP
Jedes Jahr im Oktober findet der Rügenbrückenlauf statt.

So überwältigend der Blick von der Rügenbrücke ist – so kurzlebig ist er auch, da der Jahrhundertbau dem motorisierten Verkehr vorbehalten ist. Wer länger schauen, staunen und genießen möchte, der wählt den Weg über den Rügendamm, auch wenn er hier dem Wasser näher ist als dem Himmel. Ob Tradition oder Moderne, das ist wie immer reine Geschmackssache. Fakt ist, dass beide Brücken ans Ziel führen. Und das heißt in diesem Fall Glücksinsel Rügen.

- Rügenbrücke und Rügendamm, zwischen Stralsund und Rügen
- ÖPNV: RE 9, Haltestelle Stralsund Rügendamm bzw. Altefähr; Bus 1, 30 und 41, Haltestelle Rügendammbahnhof bzw. Dänholm Schranke oder Altefähr Bahnhof

Pferdestärke für schöne Haut

17 Die Bergener Rugard-Apotheke und ihr Schatz

Apotheker Axel Poggendorf hat schon viele Menschen glücklich gemacht. Dank seiner Liebe zur Natur, seiner Neugier und seiner Experimentierfreude ist er auf einen besonderen Schatz aufmerksam geworden. Er fand heraus, dass sich aus der Vorzugsmilch der Ummanzer Haflinger besonders wertvolle Hautpflegeprodukte herstellen lassen – ganz natürlich, ohne Parabene und ohne künstliche Duftstoffe. Die Haflinger – sie gelten als robuste und treue Pferde – grasen auf Rügens kleiner Schwesterinsel in intakter Natur, mitten im Nationalpark Vorpommersche Boddenlandschaft. Hier gibt es keine Industrie und keine Schnellstraßen. Die Tiere nehmen durch ihre Nüstern reine Ostseeluft auf und profitieren von der friedlichen Stille, die sie umgibt. Perfekte Voraussetzungen für das Gedeihen der Stuten, die bei guter Fütterung so viel Milch geben, dass die Hälfte davon abgemolken kann. Axel Poggendorf schwört auf die Heilkraft der Ummanzer Stutenmilch, so wie seinerzeit schon Cleopatra. In seinem Labor in der Bergener Rugard-Apotheke fertigt der dreifache Familienvater die verschiedensten Pflegeprodukte aus der wertvollen Nährflüssigkeit an: Aufbaucreme mit 50 Prozent Stutenmilchanteil zum Beispiel, Feuchtigkeitscreme, Körperlotion, Waschgel, Peeling und Handcreme. „Sie verwöhnen die Haut nicht nur, sondern helfen auch bei trockener und entzündeter Haut und beugen Alterungsprozessen vor. Besonders gute Heilungschancen gibt es bei Neurodermitis und anderen Hauterkrankungen“, weiß der Bergener aus Erfahrung. Längst hat sich die heilende Wirkung der Stutenmilch herumgesprochen. Kunden hat der aus einer Apothekerfamilie stammende Rüganer inzwischen weltweit. Wer die Heimat der Haflinger und die stattlichen Tiere in natura erleben möchte: Das knapp 20 Quadratkilometer große Eiland westlich von Rügen ist landwirtschaftlich geprägt und über eine Brücke erreichbar. Es gibt vereinzelt kleine Ortschaften, einen Naturbadestrand und einen Kranichbeobachtungspunkt, der im Frühjahr und Herbst beliebtes Ziel von Naturfreunden aus aller Welt ist.

- Rugard-Apotheke, Markt 26, 18528 Bergen auf Rügen, Tel. (0 38 38) 8 03 40
www.rugard-apotheke.de, www.haflingerzucht-ruegen.de
- ÖPNV: RE 9, Haltestelle Bergen auf Rügen; zahlreiche Busse, Haltestelle Markt

TESTER
Körperlotion
Handcreme
FEUCHTIGKEITSCREME
KAPSELN
Aufbaucreme
HANDCREME
Waschgel
KÖRPERLOTION
WASCHGEL

Schönster Kreide-Blick

18

Auf dem Königsstuhl und der Victoriasicht

Während an Deutschlands berühmtesten Kreidefelsen eine frei schwebende Besucherplattform entstanden ist, gibt es bei der Victoriasicht, einem stählernen Austritt auf einem benachbarten Felsen, keinen Grund, über Alternativen nachzudenken. Der Rückgang an der Victoriasicht hält sich mit wenigen Millimetern jährlich in Grenzen. Der Zugang über das sogenannte Königsgrab zum Königsstuhl aber wird durch Felsabbrüche immer schmaler. Der Grund: Die Victoriasicht besteht aus stabileren Kreidehorsten, die nicht so stark überformt sind. Mit Sandsäcken wird die Standfestigkeit der Victoriasicht jährlich überprüft. Der Ausblick von beiden Aussichtspunkten, die sich nicht nur im kleinsten Nationalpark Deutschlands, sondern auch mitten im UNESCO-Welterbe Alte Buchenwälder befinden, ist spektakulär: weiße Felswände, kilometerlange Feuersteinstrände, Schatten spendende Baumriesen und die türkisfarbene Ostsee. Hier offenbart sich die Schönheit der Natur in ihrer ganzen Pracht. Ausgewiesene Wanderwege führen kreuz und quer durch das bezaubernde Waldgebiet. Teilweise geht es über Treppen und Leitern, vorbei an Hünengräbern und Opfersteinen. Ein wahres Naturerlebnis ist der Wasserfall des Kieler Bachs, der im Winter zu einem Vorhang aus Eis erstarrt.

Mit 118 Metern ist der Königsstuhl die höchste Erhebung an der Kreideküste. Der Sage nach soll der zum König ernannt worden sein, der ihn von Seeseite aus erklimmen konnte. Bitte nicht nachmachen, denn die Kreideküste ist als aktives Kliff ständig in Bewegung! Die „Besteigung" des Königsstuhls ist kostenpflichtig und an einen Besuch der Erlebnisausstellung im Nationalpark-Zentrum Königsstuhl gekoppelt. Die acht Meter niedrigere Victoriasicht steht ihrem großen Bruder weiter westlich in nichts nach. Der Eintritt auf die Plattform, die kaum mehr als zwei Personen gleichzeitig Platz bietet, ist sogar frei. Benannt ist die Victoriasicht nach Preußens Kronprinzessin Victoria, die mit dem Preußenkönig Wilhelm I. im Jahr 1865 hier weilte.

TIPP

Das Nationalpark-Amt und das Nationalpark-Zentrum Königsstuhl bieten Wanderungen mit einem Ranger an.

- Victoriasicht und Königsstuhl im Nationalpark Jasmund, 18546 Sassnitz
  www.nationalpark-jasmund.de, www.koenigsstuhl.com
- ÖPNV: Bus 23 und Pendelbus 19, Haltestelle Nationalpark-Zentrum Königsstuhl

Kreative Träume

19 In der Töpferei am Grundtvighaus

In der Keramikwerkstatt von Dörte Päplow gehört es zum guten Ton, sich in dem Ort zu engagieren, in dem man wohnt. So hat die lebensfrohe Sassnitzerin gemeinsam mit Fotografin und Segeltuch-Designerin Diana Klemm der Lotsenstation an der Serpentine in der Hafenstraße oberhalb des Stadthafens ein Denkmal aus Ton gesetzt. Zur Kaiserzeit war in dem Gebäude mit der roten Klinkerfassade ein Lotse mit aufgezogenen Fahnen aktiv, der Schiffe den rechten Weg in den Anleger wies. Auch einen in Holz geschnitzten Drachen, den sie an der Villa Fernsicht in der Altstadt aufgespürt haben, hat die Mutter von drei Kindern in Ton gebrannt. Die Entwicklung ihrer Stadt liegt ihr sehr am Herzen. Ihre Ergebnisse zeigen sie auf jährlich wechselnden Ausstellungen in der Töpferei am Grundtvighaus. Dabei möchte sie mit Einheimischen und Besuchern ins Gespräch kommen und Denkanstöße geben.

Seit 1998 betreibt Dörte Päplow die Töpferei. In wandhohen Holzregalen stapeln sich farbenfrohe Einzelstücke in Steinzeugqualität und mit den verschiedensten Motiven verziert: Häuser, Vögel, Fische, Schafe, Fahrräder, Obst, Rosen, Streifen, Tropfen. Um die Eingangstür herum und auf dem Boden sorgen bunte Mosaiksteinchen schon beim Betreten für gute Laune. Hier kann man Dörte beim kreativen Schaffen auf die Finger schauen und den schöpferischen Prozess vom Schlagen des Tons bis zum Herausholen der Keramik aus dem Brennofen verfolgen. So manches Stück, was durch ihre Hände gegangen ist, befindet sich heute auf Tischen in Sassnitzer Gaststuben oder ist auf Ausstellungen zu sehen. Hin und wieder veranstaltet sie auch selbst welche. Jeden Freitagabend wird das Grundtvighaus zum Kino: Dann zeigt der Verein Lichtspiele Sassnitz ausgewählte Filme, Dokumentationen und Klassiker. Sich einbringen, offen miteinander kommunizieren, tanzen, lachen, singen und seine Träume leben: Das ist Dörtes ganz persönliches Glücksrezept.

- Töpferei am Grundtvighaus, Seestraße 3, 18546 Sassnitz, Tel. (03 83 92) 5 77 75 www.toepferei.grundtvighaus.de
- ÖPNV: RE 9, Haltestelle Sassnitz; Bus 13, 14, 22, 23 und Stadtbus 18, Haltestelle Busbahnhof bzw. Rügengalerie

GlücksBote

Blick auf den Bodden

20 Auf dem Tempelberg Bobbin

Dieser Ausblick berührt das Herz. Weit reicht der Blick vom Tempelberg bei Bobbin über Inselland und Bodden. Und wenn im Frühjahr und Herbst der Kranichzug einsetzt, dann möchte man den Augenblick wie einen Stein bei einem Spaziergang aufheben und in die Jackentasche stecken. Eine steinerne Treppe führt auf die 60 Meter hohe Erhebung zwischen den Orten Sagard und Glowe, vorbei an blühenden Wiesen und üppigen Büschen. Oben angekommen ist erst einmal tief Durchatmen angesagt. Der Große Jasmunder Bodden liegt den „Bergsteigern" zu Füßen. Hier haben die Kraniche – die Vögel des Glücks – ihre Schlafplätze. Die Landzunge in Richtung Inselwesten ist die Halbinsel Bug, die nur mit Naturschutzwarten betreten werden darf. Dahinter erstreckt sich die Insel Hiddensee, die (fast) autofreie Seepferdcheninsel. Der Leuchtturm Dornbusch im Hügelland ist bei Dunkelheit gut auszumachen. Etwas weiter nördlich sendet der neue Leuchtturm vom Kap Arkona seine Lichtstrahlen aus. Wenn die Sonne untergeht, ist es hier am schönsten. Die Ruhe und die Schönheit der Natur verhelfen zu innerer Erfüllung und Glück. Hier ist ein guter Platz, um Gedanken zu klären. Wie führen wir unser Leben? Wie gelangen wir zu unbändiger Lebensfreude? Bei Nacht ist auf dem Tempelberg das Funkeln der Sterne auszumachen. Ein Blick nach oben berührt und inspiriert. Der Himmel wird zur Bühne. Zu jeder Jahreszeit sind andere Gebilde zu bestaunen. Gerade im Winter beflügelt der Anblick der nun besonders intensiv leuchtenden Sternbilder die Fantasie. Ja, es scheint, als würde man auf dem Tempelberg besonders guten Zugang zum Göttlichen finden. Auf einem Nachbarhügel thront die St.-Pauli-Kirche Bobbin, eine um 1400 erbaute Feldsteinkirche, die als eine der vier mittelalterlichen Wallfahrtskirchen auf Rügen gilt. Wer hierherkommt, kann Wunder entdecken. Auch bei sich selbst.

TIPP

Im Hofladen Bobbin die vielen regionalen Produkte und Apfelsaft aus der hofeigenen Mosterei genießen.

- Aussichtspunkt Tempelberg, 18551 Bobbin
- ÖPNV: Bus 13, Haltestelle Bobbin

Unter der Buckelschale

21

In der Rügen Therme in Sassnitz zur Ruhe kommen

Wenn die Ostsee zum Baden zu kalt ist, empfiehlt sich ein Sprung in das 29 Grad warme Wasser der Therme im Rügen-Hotel. Zu DDR-Zeiten galt das höchste Haus von Sassnitz zu den Top-Adressen im Norden – und als Devisenbringer. Schweden nutzten das 1969 eröffnete und bis zum Ende der DDR von der Mitropa AG betriebene Hotel als Übernachtungsmöglichkeit für ihre zollfreien Einkäufe. Mitte der 1970er-Jahre bezogen auch FDGB-Urlauber die Zimmer und kamen so in den Genuss eines Luxus-Urlaubs. Und zum Luxus gehörte auch die Nutzung des Schwimmbades. Wer in die Rügen Therme eintauchen möchte, braucht nicht erst im Hotel einzuchecken. Das Hallenschwimmbad steht heute allen Gästen offen, gleich, ob sie im Haus übernachten oder in einem anderen Gebäude der Insel. Bis in die 1970er-Jahre schaute man vom Hotelrestaurant, das in einem Flachbau an dem „Hochhaus" untergebracht war, über einen Swimmingpool auf die weite See. Die Gäste liebten den Pool und so erhielt der Binzer Architekt Ulrich Müther im Jahr 1977 den Auftrag, ein Dach für eine beheizte Schwimmhalle zu planen und zu bauen. Der Ingenieur, der auch Bauwerke in Helsinki, Tripoli und Kuwait schuf, konstruierte eine 20 mal 20 Meter große, im Spritzbetonverfahren hergestellte Buckelschale mit umlaufenden Randbalken und begrüntem Dach. Urlauber konnten sich nun ihren Schwimmlüsten unabhängig von Wind und Wetter hingeben. Glücklicherweise blieb die Überdachung auch bei Sanierungsarbeiten im Jahr 1996 weitgehend erhalten. Lediglich die mit Korkgranulat beschichtete Unterseite der Schale ist heute mit ornamentierten Akustikplatten aus Kunststoff verkleidet. Wer in dem Schwimmbad seine Bahnen zieht, blickt ins Grüne, auf den Rügenplatz und auf ein Wandbild mit den Kreidefelsen. Herrlich entspannend ist es hier gerade in den Abendstunden. Wer sich eine Pause vom Schwimmen und Tauchen gönnt, kuschelt sich in ein Handtuch und nimmt auf einer Liege Platz. Denn Glück ist auch, einfach mal nichts zu tun und nur die Augen zu schließen.

TIPP

Wer sich noch mehr Gutes tun möchte, geht in die Wellness-Abteilung Namaste.

● Rügen Therme, Seestraße 1, 18546 Sassnitz, Tel. (03 83 92) 5 31 00
www.ruegen-hotel.de

● ÖPNV: Bus 13, 14, 22 und 23, Haltestelle Busbahnhof; Stadtbus 18, Haltestelle Hauptstraße

Alle einsteigen, bitte!

22

Mit dem Rasenden Roland durch den Südosten Rügens

Die wohl schönste Art des Reisens auf der Insel ist eine Fahrt mit der historischen Schmalspurbahn Rasender Roland. Seit mehr als 120 Jahren schiebt sich das alte Dampfross über sanfte Hügel und durch schmale Täler, durch dichte Buchenwälder und durch schmucke Seebäder. Im Winter ist es in den Waggons mollig warm. Die Kohleöfen sind stets gut geheizt. Die Stimmung ist prächtig, so wie schon anno 1895. Im Sommer fährt man oben ohne: ohne Dach. Im Aussichtswagen – auch Badewanne und Cabrio genannt – geht es durch das schöne Biosphärenreservat Südost-Rügen, das Rügens bekannter Heimatforscher Johann Jacob Grümbke im 19. Jahrhundert als das wahre Paradies von Rügen bezeichnete. Himmel und Blättertunnel statt Dach. Mit höchstens 30 Stundenkilometern rattert die Bahn von Putbus nach Göhren. Auf dem Weg zum 107 Meter hohen Tempelberg mit dem Jagdschloss Granitz schieben die Heizer ordentlich Brennmaterial nach. In den Sommermonaten kann das Thermometer im Führerstand schon mal die 50-Grad-Marke knacken, im Winter dagegen ist es bitterkalt und zugig. Alle Roland-Fans ab 14 Jahren können sogar im Führerstand mitfahren, bei Kindern ab sechs Jahren muss eine Begleitperson dabei sein. Die 24,1 Kilometer lange Verbindung Putbus – Göhren ist übrigens der letzte auf Rügen existierende Streckenabschnitt. Vor mehr als 100 Jahren dampften Kleinbahnen noch auf einer Strecke von fast 100 Kilometern über die Insel. Allein Putbus – Göhren wurde aufgrund ihrer Wirtschaftlichkeit 1976 vom Rat des Bezirkes Rostock zum „Denkmal der Produktions- und Verkehrsgeschichte“ geadelt. Die Eisenbahnbau- und Betriebsgesellschaft Pressnitztalbahn mbH ließ die Gleisanlagen und Fahrzeuge ab dem Jahr 2008 aufmöbeln. Seit 2015 begleitet die Möwe Roland als Maskottchen die Kleinbahn entlang der Bäderküste. Besonders glückliche Momente erleben Mitarbeiter und Fahrgäste, wenn Verliebte in historischen Wagen in den Bahnhof der Ehe dampfen, denn Putbus und Göhren sind Außenstellen der jeweiligen Standesämter.

TIPP
Bei kühlen Temperaturen im nostalgischen Speisewagen heiße Getränke und kleine Snacks genießen.

- Rasender Roland, Bäderbahn, Bahnhofstraße 14, 18581 Putbus
  www.ruegensche-baederbahn.de
- ÖPNV: Bus 30 und 31, Rasender Roland, Haltestelle Putbus Bahnhof

Im Geschmackshimmel

23 Verwöhnfrühstück im Selliner Kolonial-Stübchen

Mit einem wunderbaren Frühstück verwöhnt werden: Wer mag das nicht? Andreas Lüdke und Mario Böhm vom Kolonial-Stübchen in Sellin servieren es zwar nicht ans Bett, doch wenn man einmal in ihrem „Wohnzimmer" war, möchte man das nicht einmal. Die Atmosphäre in ihrem Genießerstübchen in einem unspektakulären Neubau an rumpeligen Kopfsteinpflasterstraßen abseits der belebten Wilhelmstraße ist warm und herzlich. Man macht es sich auf der Ledercouch gemütlich, lauscht meditativer Musik und wartet mit größter Spannung auf das, was Mario im Seegeschoss eine Etage tiefer mit Liebe und Leidenschaft für den Beruf zubereitet hat. Wenn er dann mit dem Olivenholzbrett, auf dem er äußerst dekorativ feinste Käse- und Wurstspezialitäten aus Frankreich, Italien und Spanien angerichtet hat, um die Ecke kommt, freut sich das Auge und bewundernde Blicke von Tischnachbarn sind garantiert. Naschkatzen werden wohl gleich zu den süßen Früchten, Erdbeeren, Melonen, Blaubeeren, Himbeeren und Physalis, greifen. Aber ganz lax gesagt: Es gibt auch Lachs mit Kaviar. Das Kolonial-Frühstück schmeckt nicht nur, sondern macht auch glücklich. Nicht zuletzt, weil sich Mario Böhm extra viel Zeit für die Zubereitung nimmt. Jede Scheibe ist fein geschnitten und kunstvoll auf dem Holz arrangiert. Dazu werden knusprige Brötchen vom hiesigen sogenannten TreppenBäcker Otto Ehrke gereicht. Und während der gebürtige Spreewälder Mario mit dem Anrichten der Frühstücksplatte beschäftigt ist, zischt, rauscht und pfeift es bei Andreas Lüdke im Erdgeschoss. Denn auch der Kaffee wird frisch gemahlen und gebrüht und die Eier werden im Topf bis zum gewünschten Härtegrad gekocht. Gäste haben die Wahl zwischen Tee- und Kaffeesorten aus aller Welt: Es gibt grünen Tee, gelben, schwarzen, weißen, Küstentees mit Sanddorn und Ayurveda-Tee. Der Kaffee kommt aus Costa Rica, Thailand, Kenia, Kuba, Nicaragua und anderen Anbaugebieten. An eiskalten Wintertagen servieren Andreas und Mario heißen Pflaumenpunsch, Bellabomba, einen köstlichen Eierlikör, und heiße Suppe aus einer kleinen Hütte vor dem Geschäft heraus.

- Kolonial-Stübchen, August-Bebel-Straße 5, 18586 Sellin, Tel. (03 83 03) 95 80 29 www.kolonialstuebchen.de
- ÖPNV: Bus 20, Haltestelle Hauptstraße; Ortsbus 25, Haltestelle Sparkasse; Rasender Roland, Haltestelle Sellin West oder Sellin Ost

Kraniche beobachten

24 Die Vögel des Glücks in Tankow

Ein atemberaubendes Naturspektakel können Inselbewohner und Gäste alljährlich im Frühjahr und im Herbst erleben. Und zwar dann, wenn die Vögel des Glücks laut trompetend über ihre Köpfe hinwegziehen. Vögel des Glücks – so werden Kraniche genannt, die majestätischen Großvögel, die im Frühjahr auf ihrem Weg nach Skandinavien im Inselwesten rasten und den Frühling verkünden. Im Herbst fliegen sie dann nach Spanien und Frankreich. 400 bis 500 Kilometer legen sie pro Tag zurück, manchmal sogar doppelt so viele. Einige Tausend überwintern mittlerweile sogar in Deutschland. Denn ein paar Minusgrade machen den Zugvögeln nichts aus. Auf abgeernteten Maisfeldern finden sie Futter, in den seichten Boddengewässern Platz zum Schlafen. In der Region des Nationalparks Vorpommersche Boddenlandschaft finden die Kraniche, die zeitlebens in einer Dauerehe zusammenleben und in der Regel pro Jahr zwei Junge ausbrüten, ideale Bedingungen vor. Der Landstrich gilt als einer der wichtigsten Kranichrastplätze Europas. Von September bis Mitte November rasten mehr als 120.000 Kraniche über mehrere Wochen verteilt in der Region. Tendenz steigend. Man muss aber nicht unbedingt in das NABU-Kranichzentrum nach Groß Mohrdorf fahren, um die Großvögel, die durchschnittlich fünf bis sieben Kilo schwer werden, zu beobachten. In Tankow auf Rügens Schwesterinsel Ummanz gibt es eine hölzerne Beobachtungsplattform. Eindrucksvoll ist ein Blick in den Abendhimmel, wenn die Kraniche ihre Schlafplätze in den Boddengewässern ansteuern. In aller Herrgottsfrühe erheben sie sich wieder, um sich für den Weiterflug zu stärken. Mais- und Getreidekörner, Frösche, Schnecken, Insekten und kleine Fische sind ihre bevorzugte Nahrung. Um die Tiere von den Wintersaaten auf den Feldern fernzuhalten, werden Ablenkfütterungen durchgeführt, mit Weizen und Mais zum Beispiel. Bis Ende Oktober, manchmal auch länger, kann man sie in Deutschlands Norden beobachten. Einige bleiben sogar.

- Beobachtungsplattform Tankow, 18569 Ummanz
- ÖPNV: Bus 38, Haltestelle Waase oder Tankow

Auf der Welle surfen

25

Sportliches Vergnügen im Südosten der Insel

Dort, wo der Greifswalder Bodden und die Ostsee aufeinandertreffen, erleben Wassersportler höchstes Glück. Thiewaii nennt sich ihr Glücksort, eine Wiese zwischen Klein Zicker und dem Ostseebad Thiessow. Denn hier können sie sich je nach Wind und Wetter beim Surfen und Kiten den Kopf freipusten lassen und grenzenlose Freiheit spüren. Die Bedingungen sind ideal. Es gibt eine ausgewiesene Kite- und Windsurfzone. Die Surfschule bietet verschiedene Kurse an, darunter auch Stand up Paddling und Wakeboarden. Das Material wird gleich auf der kleinen Wiese direkt am Strand aufgebaut. Der Einstieg ist problemlos. Wer vor Ort übernachten möchte, parkt sein Wohnmobil auf dem Campingplatz oder stellt dort sein Zelt auf – alles direkt am Wasser. Abends trifft man sich auf ein Bierchen am Strand, tauscht sportliche Erfahrungen aus und schmiedet Pläne für den nächsten Sommer. Der Blick wandert über Klein Zicker mit seinen reetgedeckten Häuschen und der steil aufragenden Küste, nach Usedom und dem angrenzenden Festland und nach Thiessow mit seinem Lotsenturm und dem kleinen Hafen am südöstlichen Ufer des Zickersees. Bereits vor der Wende war Thiewaii beliebt, hier durften sich die Frauen und Männer in ihren Neoprenanzügen auf ihren Boards austoben. Denn auf der Ostsee war Surfen wegen Fluchtgefahr strengstens untersagt. Heute kann man an allen Inselorten ein grenzenloses Freiheitsgefühl genießen. Als größtes Stehrevier Deutschlands ist zum Beispiel Suhrendorf auf Ummanz bekannt. Wer sich an Land weiter sportlich betätigen möchte, schwingt sich auf das Fahrrad und erkundet Mönchgut mit seinen Seebädern, Fischerdörfern und Hügelland. Das Radwegesystem ist sehr gut ausgebaut und führt von Klein Zicker über Thiessow weiter über das Inselland. Hier gibt es auch kleine Gaststuben mit einer großen Auswahl an Fischgerichten. Auch wer in Thiewaii nicht auf der Welle surfen möchte, findet Erholung und Entspannung. Einfach in den warmen Sand setzen und den Windsurfern bei ihrem munteren Treiben zuschauen.

TIPP

Der Rügen-Markt am Hafen Thiessow lockt mit regionalen Leckereien, dienstags und donnerstags im Sommer.

- Thiewaii, Wiese zwischen Thiessow und Klein Zicker, 18586 Mönchgut
www.ostseebad-thiessow.de
- ÖPNV: Bus 21, Haltestelle Thiessow Ort bzw. Wendeplatz

Ein Traum in zartem Lila

26 Wenn auf Hiddensee die Heide blüht

Hiddensee hält eine Handvoll Sehenswürdigkeiten bereit, einige Museen, die Kirche. Tagesgäste tummeln sich meist in Vitte und Kloster. Je weiter der Besucher gen Süden kommt, desto stiller wird es. Ein traumhafter Spaziergang offenbart sich jedem, der Vitte am Süderende verlässt, den zugigen Deichweg kreuzt und dann nicht den Hauptweg nimmt, sondern über die Wiesen in die Heide wandert. Die schmalen Pfade sind mit Heu belegt, das unter den Schritten leise knistert und das nach Herbst duftet, wenn die Sonne darauf scheint. Dann öffnet sich hinter den Sträuchern der Blick über sanfte Hügel, teils mit sandigen Dünenkanten, teils dicht mit Heidekraut bewachsen, gesäumt von Wäldchen mit weiß glänzenden Birken und windgebeugten Kiefern.

Die Dünenheide ist Naturschutzgebiet, einige Bereiche sind eingezäunt, um die Vielfalt der Lebensformen zu erforschen. Vereinzelte reetgedeckte Häuschen stehen an engen Pfaden, auf denen man die Spuren der Rehe sieht und manchmal auch eine Ringelnatter oder Kreuzotter. Kein anderer Laut ist hier zu hören, nur die Stimmen der Natur. Die Lerchen, die über dem blühenden Kraut in der Luft stehen, das Rauschen der Bäume, dahinter wie immer und scheinbar weit weg das Meer. Wege führen zwischen den Kiefern hindurch zum Strand, aber man möchte zwischen den Dünenbögen schlendern, möchte vergessen, dass man ein Ziel hatte, dass man vielleicht nach Neuendorf wollte und eine Alternative zum Hauptweg suchte, man möchte bleiben, sich auf das kurze Gras legen und eins werden mit dem weichen Boden. Fast befremdet es, hier anderen Besuchern zu begegnen, man grüßt sich leise und geht seiner Wege. Hier befindet sich der Mittelpunkt der Insel. Man findet ihn nur, wenn man nicht sucht, und freut sich über die kleine Plakette an dem Stahlrohr im Sand, seitlich des Weges. Man macht ein Foto und schlendert weiter. Vier, fünf glückliche Kilometer sind es zwischen Vitte und Neuendorf.

● Heide zwischen Vitte und Neuendorf, 18565 Hiddensee
www.seebad-hiddensee.de
● ÖPNV: Fähre Schaprode – Vitte/Hiddensee oder Neuendorf/Hiddensee;
Inselbus 59, Haltestelle Heiderose

Ein Märchenschloss

27

Auf Schloss Ranzow auf Wolke 7 schweben

Wie ein Märchenschloss erhebt sich das Schloss Ranzow am Rande des Nationalparks Jasmund im sanften Hügelland. Der Blick vom Schlossturm reicht weit über die Ostsee und die nördlichen Halbinseln Rügens. Man möchte dort ins weiche Bett sinken, morgens aufwachen und den Tag mit einer Wanderung entlang der Ostsee beginnen. Die Zimmer sind luxuriös ausgestattet und genau richtig für alle, die sich mal etwas ganz Besonderes gönnen möchten. Gespeist wird im Restaurant mit Blick ins Grüne auf der Schlossterrasse, im Wintergarten, in der Lounge oder in der Schlosskapelle. Im Herbst steht Wild auf der Karte, gebratenes Filet vom Schottenlachs und zarte Rinderbäckchen. Die Speisen wechseln je nach Jahreszeit. Der Küchenchef setzt auf eine frische, regionale Küche, aber auch auf internationale Spezialitäten. Neben den Hauptgerichten kreiert er abends ein Drei-Gänge-Menü. Das wird von Restaurantleiter Jens Mühlwald und seinen Kollegen im Service täglich bis 21 Uhr serviert. Zum Tagesausklang nimmt man am besten mit einem Glas Wein auf der Terrasse Platz. Wenn sich die Sonne über Kap Arkona verabschiedet, ist die Stimmung romantisch, geheimnisvoll, fast unwirklich. Still ist es hier. Man möchte die Zeit anhalten. Wanderwege führen in das Küstenörtchen Lohme mit dem kleinen Hafen und durch den Nationalpark bis hin zum berühmten Königsstuhl. Der dichte Buchenwald spendet an heißen Tagen wohltuenden Schatten. Der Blick auf die Ostsee macht das Herz weit. Den wissen auch Golfer zu schätzen. Vom Schloss bis zur Steilküste erstreckt sich ein 18-Loch-Golfplatz mit Driving Ranche, Übungsanlagen und Kurzbahnen. Im Anschluss an ein Turnier können Massagen und Bäder im Wellnessbereich im kleinen Schloss-Spa Entspannung bringen. Aber zurück zur Romantik: Wer die Liebe seines Lebens gefunden hat, kann sich im Gartenpavillon trauen lassen. Das Schloss Ranzow bietet auch die perfekten Voraussetzungen für eine Märchenhochzeit.

TIPP

Der 6 Kilometer lange Rundweg von Ranzow zum Königsstuhl und wieder zurück ist ein echtes Naturerlebnis.

- Hotel Schloss Ranzow, Schlossallee 1, 18551 Lohme, Tel. (03 83 02) 8 89 10
  www.schloss-ranzow.de
- ÖPNV: Bus 14, Haltestelle Abzweig Ranzow

Eine Insel auf der Insel

28 Dahlmanns Bazar in Alt Sassnitz

Rum aus der Karibik, Whisky von den schottischen Inseln, Salz aus Island, Gewürze aus Sri Lanka, Olivenöl von Mallorca und Craft-Bier aus der Rügener Insel-Brauerei. Volkmar Billig und sein Team haben in Dahlmanns Bazar erlesene Genussmittel von den Inseln dieser Welt zusammengetragen. Ihr kleines Feinkostlädchen mit Café, Bar und Bücherstube im Erdgeschoss einer Villa am alten Markt in Sassnitz ist ein verstecktes Kleinod, ein wenig bekanntes Refugium in der Hafenstadt, ein Ort, an dem man gerne zusammenkommt – und bleibt. Die Mitarbeiter versüßen ihren Gästen den Aufenthalt mit Dinkel-Kirschkuchen mit Nüssen, Gemüsetörtchen, Tapas und freundlichem Lächeln und anregenden Gesprächen. Dazu servieren sie Kaffee aus Sumatra, Kräutertee aus Kreta oder Wein aus Sardinien. Volkmar und sein Team sind liebevolle Gastgeber, die sich auf das Herzlichste um das Wohl ihrer Gäste kümmern und auch für Sonderwünsche offen sind. Volkmar ist Kulturwissenschaftler und Lektor aus Berlin. In Alt Sassnitz hat er eine neue Heimat und eine neue Aufgabe gefunden. Der Bazar ist eine Einladung an Einheimische und Gäste. Er ist als Bindeglied zwischen Mensch und Buch, als Treffpunkt für Leute mit Sinn für Literatur und genussvolles Speisen zu verstehen. Regelmäßig lädt Volkmar zu literarischen Veranstaltungen ein. In der Reihe „Erzählungen von den Inseln" gibt er bekannten und weniger bekannten Autoren eine Bühne. So stellte der in Sassnitz aufgewachsene Autor Holger Teschke sein Buch „Inselzeiten – Rügen und Hiddensee" vor. Landolf Scherzer plauderte über Kuba und seine Reise durch das Land im Umbruch. Autorin Sandra Pixberg aus Altefähr las aus ihrem historischen Rügen-Roman „Flaschenpost", und Gäste konnten sich mit Peter Wawerzinek auf literarische Inselreise begeben. Zu den schönsten Veranstaltungen gehört das stimmungsvolle Vollmondfest im August. An einem Tag und in einer Nacht werden der Bazar und der Platz ringsum zum Schauplatz für Musiker, Kunst- und Kulturinteressierte aus allen Ecken dieser Welt. An diesem Tag wird der alte Markt zur Insel.

● Dahlmanns Bazar, Am alten Markt, Uferstraße 1, 18546 Sassnitz, Tel. (03 83 92) 67 74 76, www.dahlmannsbazar.de

● ÖPNV: RE 9, Haltestelle Sassnitz; Bus 14 und 23, Haltestelle Sassnitz Hauptstraße; Bus 13 und 22, Haltestelle Sassnitz Busbahnhof; Stadtbus 18, Haltestelle Bergstraße

Auf der Suche nach der verlorenen
Badebuch
Am Meer

Ein Paradies für Naschkatzen

29 Süße Manufakturen in Karls Erlebnis-Dorf

Erdbeer-Sahne-Bonbons, Rock-Bonbons Erdbeer-Cheesecake, Frühlings-Bonbons Waldmeister: Wenn Bonbons so heißen, können sie nur glücklich machen.

Hergestellt werden sie in der Bonbon-Manufaktur in Karls Erlebnis-Dorf in Zirkow. Vor den Augen der Besucher werden aus meterlangen bunten Zuckerstangen leckere Bonbons. Durch Fenster können Besucher den Bonbonmeistern auf die Hände schauen, mehrmals täglich gibt es Live-Vorführungen. Und mit etwas Glück stehen Schüsselchen mit noch warmen und duftenden Leckereien bereit. Denn wie heißt es bei Karls so schön: Das Leben ist eben doch ein Zuckerschlecken.

Nicht nur Bonbons werden in dem beliebten Erlebnishof in der Inselmitte hergestellt, sondern auch fruchtige Marmeladen. Die werden täglich frisch in der Marmeladenküche im Erlebnis-Dorf gekocht. Preisgekrönt und besonders beliebt: der Erdbeertraum. Der Erdbeer-Fruchtaufstrich ohne Kerne und Stücke besteht zu 66 Prozent aus Früchten aus dem eigenen Anbau. Die werden direkt nach der Ernte tiefgefroren und später für den Erdbeertraum wieder aufgetaut. Im Marmeladentopf landen natürlich auch noch viele andere süße Früchtchen: Himbeeren und Heidelbeeren zum Beispiel. Und die gibt es dann ebenfalls als Marmelade und Fruchtaufstrich im Hofladen, in der Hof-Küche oder in der Pfannkuchen-Schmiede.

TIPP

Ein Spaziergang durch den Ortskern von Zirkow mit der Kirche aus dem 15. Jahrhundert und dem historischen Museumshof.

Wer einen Ausflug zum Erdbeerhof unternehmen möchte, sollte viel Zeit einplanen. Denn es gibt so viel zu entdecken: von Reifenrutsche und Kletterturm über Kreativwerkstatt und Schatzhöhle bis zu Rattenküche und Meerschweinchenhausen, ja sogar eine Seilbahn und eine Erdbeer-Raupenbahn mit einem 140 Meter langen Schienennetz. Und das Beste: Der Eintritt ist frei.

- Karls Erlebnis-Dorf, Binzer Straße 32, 18528 Zirkow, Tel. (03 82 02) 40 50
www.karls.de
- ÖPNV: Bus 20, Haltestelle Zirkow Karls

Karls
Bonbons

Urwald im Rügischen Bodden

30 Naturparadies und Künstlertreff: die Insel Vilm

Knorrige Eichen, steil aufragende Lehmwände, steiniger Strand, verschlungene Pfade. In diesem Naturparadies fühlen sich Pflanzen und Tiere wohl. Fast 400 Farn- und Blütenpflanzen und mehr als 100 Arten von Moosen und Flechten gedeihen hier. Hier, das ist die Insel Vilm, eine knapp 100 Hektar große Insel im Rügischen Bodden. Seeadler brüten im Geäst. Robben sonnen sich an windstillen Plätzen. Auf einer Sandbank an der Untiefe Großer Stubber zwischen der Insel Vilm und Lauterbach fühlen sich die Meeressäuger besonders wohl. Zur Freude von Wissenschaftlern und Naturschützern. Denn die bis zu zweieinhalb Meter großen Kegelrobben galten lange Zeit an der Südküste der Ostsee als ausgerottet. Inzwischen kehren die unter besonderem Schutz stehenden Kegelrobben in ihre früheren Lebensräume zurück. Man schätzt die Zahl auf 30.000 Tiere in der gesamten Ostsee. 150 Kegelrobben wurden im Frühjahr 2017 im Greifswalder Bodden gezählt. Besonders beliebt ist die Insel Vilm auch als Brutplatz für mehr als 70 Brutvogelarten. Gänsesäger, Waldkäuze und Schwarzspechte haben hohle Bäume als Nistplätze auserkoren, Brandgänse und Uferschwalben die Steilufer. Am Boden gehen Rotfüchse, Stein- und Baummarder auf Beutezug. An kaum einem Ort im Raum Rügen ist die Natur so unberührt wie auf der Insel Vilm. Die letzte forstliche Nutzung fand vor mehr als vier Jahrhunderten statt. Zwischen 1527 und 1534 verkaufte die Fürstin zu Putbus den Wald für 100 Sundische Mark und eine Last Seebier an zwei Stralsunder Kaufleute. Heute gehört der Buchenwald auf dem Großen Vilm zu den wertvollsten Naturwäldern im Norden Deutschlands. 60 Besucher dürfen die Urwaldinsel täglich betreten. „Julchen“ – ein Motorschiff der Fahrgastreederei Lenz – bringt Leichtmatrosen von Lauterbach zur Insel Vilm. Die dürfen dann die Orte bestaunen, die schon Maler wie Caspar David Friedrich, Carl Gustav Carus und Friedrich Preller d. Ä. in ihren Bann gezogen haben.

TIPP

Das Bundesamt für Naturschutz veranstaltet mehrmals einen Tag der offenen Tür mit Sonderführungen.

- Insel Vilm, 18581 Putbus, Führungen über die Fahrgastreederei Lenz www.vilmexkursion.de
- ÖPNV: PRE und Rasender Roland, Haltestelle Lauterbach; Bus 30, Haltestelle Lauterbach Hafen

Zeitreise in das Jahr 1826

31 Das fürstliche Schauspielhaus in Putbus

Kunstkenner bezeichnen das historische Theater in Putbus als Juwel des Klassizismus. In den Jahren 1819 bis 1821 als Sommertheater erbaut und 1826 von dem Berliner Baumeister Johann Gottfried Steinmeyer umgestaltet, gehört es zu den schönsten in Deutschland. Grau, Blau und Ockertöne sind die vorherrschenden Farben im Saal. Die beiden Ränge krönen goldfarbenes Blattwerk und Blumen. Die schmiedeeisernen Gitter schützen die Zuschauer und stellen eine architektonische Besonderheit dar. Bauherr war Ortsgründer Wilhelm Malte zu Putbus. Die Fürstenloge ist mit Arkantusblättern verziert, das obere Foyer mit illusionistisch gemalten Architraven. Die zum Schlosspark gerichtete Hauptfassade in der Alleestraße zieren ein imposanter, viersäuliger Portikus und ein Dreiecksgiebel, doch die beeindruckende Fassade zur Straße hin ist nur Schmuck. Der Eingang ist an der zum Marktplatz gerichteten und mit Theatermasken und Uhr verzierten Seite zu finden. Bei Restaurierungsarbeiten in den Jahren 1992 bis 1998 kamen die originalen Farben und Formen zum Vorschein. Seitdem erstrahlt das Haus in alter Schönheit und Besucher können sich auf eine Zeitreise in das Jahr 1826 begeben. Zum 200. Geburtstag im Jahr 2020 erhielt das fürstliche Schauspielhaus vom Theaterförderverein ein neues Wappen für die Fürstenloge. Der Vorhang öffnet sich das ganze Jahr über. Lediglich in den Monaten Januar und Februar wird eine Spielpause eingelegt. Ensembles aus der ganzen Welt und bekannte Musiker stehen auf dem Spielplan, zu den Highlights gehören die Putbus Festspiele, die Rügener Kabarett-Regatta sowie das Weihnachts- und Silvesterkonzert. Künstler und Besucher schätzen die moderne Ausstattung und die großartige Akustik, die durch den Umbau der Saaldecke möglich wurde. Das Theater Putbus mit seinen 256 Plätzen ist der Anfang – oder das Ende – der Straße der Europäischen Theater in Deutschland. Weiter geht es von hier aus auf der Nordischen Route zu den historischen Theatern auf der Insel Bornholm und Schweden.

TIPP
Wer hinter die Kulissen schauen möchte, nimmt an Führungen durch das Schauspielhaus teil (auf Anfrage).

- Theater Putbus, Markt 13, 18581 Putbus, Tel. (03 83 01) 80 80
www.theater-putbus.de
- ÖPNV: Bus 30 und 31, Haltestelle Circus; Rasender Roland, Haltestelle Putbus

Feuerstein und Hühnergott

32

In der Steinmanufaktur Rügensteine von Peter Müller

Peter Müller ist gelernter Koch. Doch schwingt er heute nicht mehr Kelle und Kochlöffel, sondern Bohrer und Schleifgerät. Als Steinmüller hat er sich weit über die Inselgrenzen hinaus einen Namen gemacht. Im Haus Seeblick hat sich das Rügener Urgestein seinen Traum von einer Steinmanufaktur verwirklicht. Von der Veranda schaut er direkt auf die Ostsee und das Kap Arkona und genießt die schönsten Sonnenuntergänge. In den Fenstern baumeln Bernsteinketten, Ketten mit Seeglas und Feuersteinen. Gebrauchte und frische Bücher, historische Grafiken und Postkarten stapeln sich in den Regalen, dazwischen allerlei Maritimes und Kunstvolles aus Porphyr, Hammer-Granit und Basalt. Katzen zum Beispiel, Windspiele und Ohrhänger. Der Wunsch nach Selbstverwirklichung lag ihm näher, als Sommer für Sommer in Hotelküchen zu schwitzen. Ins Schwitzen kommt er heute nur noch, wenn er große Steine die steile Treppe vom Ostseestrand vor seiner Haustür bis zu seiner Werkstatt am Teufelsberg hochhievt.

Urlauber können mit ihren Strandfunden zu ihm kommen, die er dann bohrt, schleift und teilt, damit sie, mit einem Lederbändchen versehen, um den Hals getragen werden können. Denn Hühnergötter – das sind Steine mit einem Loch in der Mitte – gelten bekanntlich als Glücksbringer. Im späten Herbst schließt er die Tür seiner Steinmanufaktur und öffnet sie erst zu Ostern wieder. Bis dahin werkelt er in seiner Werkstatt in der Nähe seines Wohnhauses oder ist an Rügens Stränden unterwegs, um Steine und Strandgut zu sammeln. Die Insel verlässt er – wie die meisten Ureinwohner – nur sehr selten. Ja, vielleicht um seine beiden Töchter und die Enkelkinder auf dem Festland zu besuchen. Wozu in die Ferne reisen, wenn man auch in Lohme glücklich sein kann. Peter Müller ist es. Und wer einmal einen Bummel durch das Küstenörtchen mit den weißen Villen und dem kleinen Hafen unternommen und den Sonnenuntergang vom Hochufer aus erlebt hat, wird ihn verstehen.

- Rügensteine, Zum Hafen 6, 18551 Lohme
www.ruegensteine.de
- ÖPNV: Bus 14, Haltestelle Lohme

7,-
Rügen

Am Naturstrand Alt Reddevitz

33

In der Ruhe liegt das Glück

Herrlich ist es, am Strand von Alt Reddevitz zu sitzen, auf Boddenküste und Hügelland zu schauen, sich den frischen Seewind um die Nase wehen zu lassen und den Gedanken nachzuhängen. Schauen, was wirklich wichtig ist, was uns am Herzen liegt und glücklich macht. Und Faulenzen am Naturstrand von Alt Reddevitz gehört definitiv dazu. Selbst an trüben Tagen ist ein Spaziergang hier wohltuend. Wenn der Nieselregen auf die Jacke tröpfelt, der Kragen tief in das Gesicht gezogen ist und der Sand unter den Schuhen klebt. Geheimnisvoll erscheinen die vom Seenebel eingehüllten Zickerschen Berge. Das Wasser der Hagenschen Wiek ist dunkel aufgewühlt. Der Strand mit Seetang bedeckt. Selten ist es hier voll. Selbst an heißen Tagen trifft man nur auf wenige Menschen. Die grüßen mit einem kurzen Nicken, einem freundlichen Lächeln. Im Sommer ist der Naturstrand ein Paradies für Familien mit kleinen Kindern. Zwar ist der Sand hier nicht so feinkörnig wie in den Seebädern. Doch dafür ist das Wasser flach und viel wärmer als das der Ostsee. Es gibt Treibholz, Meerglas, flache Steinchen – rund geschliffen von Sand und Wellen –, ideal zum Dekorieren von Strandburgen und Höhlen. Im Herbst und Winter lassen sich daraus Windspiele gestalten, bunte Bildchen für die Wand, Schiffchen und Kettenanhänger.

TIPP

In der Strandburg in Alt Reddevitz wird feinster Whisky gebraut. Es gibt Führungen und Verkostungen.

Im Ort selbst gibt es kleine Cafés und Gaststuben, die meisten unter Reetdach. Zu den beliebtesten gehört das Moccavino, ein Café an der Dorfstraße, direkt gegenüber vom Strand. Auf der Terrasse lässt es sich bei einem Stück Torte, das hier doppelt so hoch ist wie anderswo, ganz wunderbar entspannen. In der Abendsonne färben sich Himmel und Wasser glutrot. Fischerboote werden sanft von den Wellen geschaukelt. Es riecht nach gebratenem Fisch. Der Duft kommt aus der Küche von Kliesows Reuse oder dem Restaurant Am Wasser. Beide Gaststätten sind einen Besuch wert. Gut gestärkt, empfiehlt sich eine Wanderung vom Naturstrand durch Alt Reddevitz weiter zum Höft.

- Naturstrand Alt Reddevitz, 18586 Middelhagen
  www.middelhagen.de
- ÖPNV: Bus 21, Haltestelle Alt Reddevitz

Einfach nur träumen

34 Blütenmeer in der Granitz

Was gibt es Schöneres, als unter einem Baum zu liegen, sich den warmen Wind um die Nase wehen zu lassen und dem Blätterrauschen zu lauschen? Einfach nur liegen und träumen, loslassen und entspannen. Geborgen und umfangen im grünen Raum. Das Waldgebiet Granitz im Südosten der Insel – im Biosphärenreservat Südost-Rügen und zwischen den Badeorten Binz und Sellin – ist so ein Ort. Im Frühjahr rollt die Natur hier einen weißen Teppich aus. Die jungen Triebe vom Buschwindröschen bahnen sich im Februar ihren Weg durch die würzige Erde und recken ihre Köpfe in den blauen Inselhimmel. Bei Sonnenschein zeigen die weißen Blütensterne der Röschen dann ihre volle Schönheit. Auch wenn man am liebsten welche mitnehmen möchte: Ihre zarten Seelen fühlen sich im Freien am wohlsten, außerdem sind alle Teile der Pflanze giftig. Bilden die Buchenblätter ein grünes Dach, ist es mit der herrlichen Rosenpracht vorbei. Dann zeigen sich Schöllkraut, Maiglöckchen und andere Blüher.

TIPP

Naturführer René Geyer führt beim „Wanderfrühling Rügen" durch die Granitz: www.naturgeyer.de

Die Buchen in der Granitz, die hier die Vorherrschaft haben, tragen an ihren mächtigen Stämmen Mäntel aus Moos. Hochgewachsene Farne erinnern an einen Urwald. Ringelnattern und Blindschleichen schlängeln sich über sandige Wege und Rehe suchen Schutz im Unterholz. Mittendrin ein prächtiges Schloss, das auf der höchsten Erhebung in der Granitz, dem Tempelberg, thront: das fürstliche Jagdschloss. Ein Schloss soll es auch dort gegeben haben, wo sich heute der Schwarze See befindet. Einst soll ein eitler Prinz von der Jagd zurückgekehrt sein und anstatt seines Schlosses nur noch einen Stuhl vorgefunden haben, auf dem seine reich verzierten Handschuhe lagen. Statt des Stuhls als Zeichen der Gastfreundschaft rettete er seine Handschuhe. Der Stuhl versank und der Prinz verwandelte sich in eine knorrige Eiche, die noch heute dort zu finden ist. In ihrem Schatten lässt es sich wunderbar träumen, zum Beispiel vom Prinzen oder vom Schloss. Oder von beidem.

- Waldgebiet Granitz, 18609 Ostseebad Binz
www.biosphaerenreservat-suedostruegen.de
- ÖPNV: Bus 22 und Ortsbus 27, Haltestelle Binz Ortsmitte; Bus 24, Haltestelle Binz Großbahnhof; SchlossBus 28, Haltestelle Jagdschloss Granitz

Hier geht es rund

35 Das Karusel von Stummfilmstar Asta Nielsen

„Eine halbe Stunde bevor wir anlegten, konnte ich bereits mein rundes Paradies entdecken, das Karusel", so schrieb Asta Nielsen einst. Das weißblaue Gebäude mit dem hohen Ziegeldach und den geschwungenen Gaupenlinien, die wie verschmitzt lächelnde Augen über die Wiesen schauen, duckt sich unter hohe Bäume am nördlichen Rand von Vitte. Erbaut wurde es 1923 von Max Taut als eines von vier Gebäuden, die der Bauhaus-Architekt auf der Insel errichtete. Einige Jahre später erwarb der dänische Stummfilmstar Asta Nielsen das Gebäude als Sommerhaus und nannte es in ihrer Muttersprache „das Karusel". Damit ist das freundliche, kleine Holzhaus mehr als nur eines von vielen geschichtsträchtigen Objekten Hiddensees, sondern vor allem ein Zeugnis des Miteinanders der Künstler in den ersten Jahrzehnten des letzten Jahrhunderts. So wie kurze Zeit danach bei Gerhart Hauptmann in Kloster waren auch bei Asta Nielsen die unterschiedlichsten Künstlerfreunde zu Gast. Neben Taut und Schauspielerlegende Heinrich George war es vor allem Joachim Ringelnatz, der mit Asta Nielsen in langjähriger Freundschaft verbunden war. Wer die Chance hat, an einer der Führungen von Germanistin und Verlegerin Ute Fritsch teilzunehmen, erfährt bei einem Sanddornschnäpschen, was Ringelnatz „selig-töricht" über Segelschiffe, Badegäste, Steine, Möwen und schöne Frauen dichtete und welche Streiche er Asta Nielsen und anderen Badegästen hier spielte.

TIPP
Ein weiterer Kunstort, in dem auch Asta Nielsen verkehrte: das blaue Strandhaus am Norderende 38 in Vitte.

Seit 1975 steht das Gebäude unter Denkmalschutz und wurde 1989 durch die Gemeinde von den Erben Nielsens erworben. Nach der liebevollen Sanierung vor einigen Jahren steht das Balkonzimmer jetzt sogar Heiratswilligen als Trau(m)zimmer zur Verfügung. Im Erdgeschoss illustriert eine kleine Ausstellung das Leben und Wirken von Max Taut und Asta Nielsen. Auf einer der überlieferten Fotografien posieren die Schauspielerin und ihre Freunde vor dem runden Haus an der Wiese. Wenn man genau lauscht, dann hört man das fröhliche Gelächter über die Jahrzehnte hinweg und lächelt mit.

- Asta-Nielsen-Haus, Zum Seglerhafen 7, 18565 Vitte/Hiddensee
www.asta-nielsen-haus.de
- ÖPNV: Fähre Schaprode – Vitte/Hiddensee, Inselbus 59, Haltestelle Vitte-Nationalparkhaus

Hier bleibt niemand allein

36 Die Hafenkneipe Zur Fähre hat Charakter

„Komm rein! Was möchtest du trinken?“ Ja, es gibt sie noch, so richtig urige Hafenkneipen, in denen man ohne lange zu schnacken, miteinander ins Gespräch kommt. Ohne viel Gedöns, dafür mit viel maritimen Schnickschnack an den Wänden, einer herzlichen Wirtin und einem guten Kümmel, der eigens für die Kneipe auf Rügen gebrannt wird. Willkommen in einer der ältesten Hafenkneipen Europas, der Hafenkneipe Zur Fähre. Klar, gibt es auch Pils, Stralsunder zum Beispiel, dazu Knacker und Würstchen. Und wie es sich für eine „echte“ Kneipe gehört, riecht es nach frisch gezapftem Bier, wilden Parfums und etwas Zigarettenqualm aus dem separaten Bereich. Unter der Decke ist ein Segel gespannt, darin stapeln sich ungezählte Zettel mit Wünschen der Gäste. Die Klowände sind mit Sprüchen bekritzelt. An den runden Tischen mit Backsteinen und Kerzen darauf kommen Segler, Hafenmeister, Werftarbeiter, Durchreisende, Touristen und Geschäftsleute zusammen.

Für viele Stralsunder ist die Kneipe zweites Wohnzimmer. Wer hierher kommt, sitzt nicht lange alleine. Schon so manche Projektidee kam Gästen bei heiteren Gesprächen am Tresen in den Sinn – und wurde umgesetzt. Das Buch „Seit 1332 Stralsunderin: Die Hafenkneipe Zur Fähre“ ist zum Beispiel so eine. Über Jahre hinweg hatte sich Stammgast Steffen Melle aus der Stralsunder Fährstraße, ehemaliger Direktor eines Gymnasiums, mit der Geschichte der Stadt und insbesondere mit dem Wirtshaus Ecke Fährstraße beschäftigt. Warum also nicht gleich die Ergebnisse der Recherche aufschreiben? Zusammen mit Claude Lebus aus Greifswald setzte er seine Idee in die Tat um.

Bis 2022 war Hannelore Höpner Besitzerin der urigen Wirtschaft und gute Seele des Hauses. Seit 1974 lebt die gebürtige Sachsen-Anhaltinerin in Stralsund, 1998 hatte sie die Kneipe vom Gastwirtehepaar Dettmann übernommen. Nun führt Hannelore Höpners Tochter Franzi die Kneipentradition fort. Wer mehr über die etwa 700 Jahre alten Hafenkneipe erfahren möchte: Sonntags um 15 Uhr lädt „Hanni“, wie die ehemalige Gastwirtin genannt wird, zu einer Zeitreise durch die Geschichte ein.

- Zur Fähre, Fährstraße 17, 18439 Stralsund, Tel. (0 38 31) 29 71 96 und (01 71) 2 76 34 42
www.zurfaehre-kneipe.de
- ÖPNV: Bus 1, 6 und 60, Haltestelle Hafen

Allein unter Uferschwalben

37

Das Gelbe Ufer: ein Kleinod im stillen Süden

Wenn in der Ferienzeit Sandburgenbauer, Strandkorbwärter, Muschelsucher und Ostseetieftaucher Rügens feine Sandstrände erobern, scheint die Insel aus allen Nähten zu platzen. Doch im stillen Süden der Insel gibt es Orte, da ist man ganz allein, allein unter Uferschwalben. Das Gelbe Ufer auf der Halbinsel Zudar ist so ein Ort und bietet selbst in der Hochsaison stille Plätze zum Innehalten, Träumen, Abtauchen und Genießen. Vielleicht liegt es an der holprigen Sandpiste, die von Maltzien über die weite Landschaft zu der eindrucksvollen Steilküste führt. Wohl dem, der einen Geländewagen sein Eigen nennen kann. Oder liegt es am Strand, der nicht so durchgängig feinsandig ist wie in den Bäderorten? Es gibt auch keine Cafés und Promenaden. Größere Ortschaften sucht man hier vergebens. Doch dafür ist man unter sich, nascht wilde Pflaumen und Kirschen am Wegesrand und genießt schönstes Küstenpanorama. Das Kliff ragt bis zu 15 Meter hoch in den Inselhimmel. Uferschwalben haben sich in den steilen Felswänden aus Sanden und Lehmen ihre Höhlen gegraben. Der Greifswalder Bodden liegt einem zu Füßen. Das Wasser ist flach und wärmer als die Ostsee. Segler nehmen Kurs auf den Stralsunder Hafen. In der Ferne sind Lubmin auf dem Festland und die Halbinsel Mönchgut erkennbar. Hin und wieder liegen größere Steine im Uferbereich. Die kleineren, flachen Steine eignen sich prima zum Ditschen, zum über das Wasser Hüpfenlassen. Wer schafft die meisten Sprünge? Wer sich mehr innere Ruhe wünscht, wird sie hier im stillen Süden finden. Wer sich mehr Leichtigkeit im Alltag wünscht, auch. Hier kann man seinen Gedanken nachhängen, am Strand faulenzen, ein gutes Buch lesen oder einfach nur auf den Bodden schauen. Das ist Luxus. Das ist pures Lebensglück – und unbezahlbar.

TIPP

Ab Haltestelle Zudar lockt eine Wanderung entlang des Gelbes Ufers und durch das Vogelschutzgebiet Schoritzer Wiek.

- Gelbes Ufer, Maltzien, 18574 Garz
- ÖPNV: Bus 33, Haltestelle Maltzien

Meer davon

38 Der Fischerstrand in Baabe

Was braucht man wirklich zum Glücklichsein? Manchmal reicht schon ein Tag ohne Pläne und Verpflichtungen. Ausschlafen, lange frühstücken (am besten am Strand), die Nase in die Sonne halten, barfuß über warmen Strandsand laufen, mit Freunden plaudern und zur Gitarre singen. Abwasch, E-Mails und Anrufe können warten, das Handy bleibt aus. Der Fischerstrand von Baabe ist ein Ort, an dem man getrost den ganzen Tag verbringen kann. Hier lässt sich wunderbar entspannen, um zu neuer Ruhe und Kraft zu finden. Schnell kommt hier der Geist zur Ruhe. Ruhelose finden wieder in ihre Mitte. Das verlässliche Rauschen des Meeres beruhigt. Der Blick in den Himmel entspannt. Verweilen und genießen.

Hier können wir die Fischer beobachten, wenn sie in aller Herrgottsfrühe die Schätze des Meeres anlanden. Je nach Saison gehen Hering, Dorsch und Flunder ins Netz. Vor den Augen der Strandläufer landen sie in bunten Kisten, die übereinandergestapelt wie riesige Legosteine aussehen. Möwen wittern fette Beute und umkreisen die sturmerprobten Männer. Die Fischerboote bleiben auf dem feinen Sand liegen – bis zur nächsten Ausfahrt – und werden zu beliebten Fotomotiven. Den Fisch gibt es in heimischen Gaststuben – geräuchert, gebraten, gedünstet. Hier stand schon der deutsch-amerikanische Maler und Grafiker Lyonel Feininger und zeichnete das, was ihn mit am meisten faszinierte: Strandleben. Der weite Blick auf Strand und Ostsee wirkt Wunder und macht den Kopf frei. Je nach Wind und Wetter. Verlässlich wechselt das Meer seine Farbe von Hellblau bis Tiefschwarz. In dieser Atmosphäre schmecken die frischen Brötchen von der Bäckerei Mudrick oder das Fischbrötchen vom Fischkutter Lütt Matten am Bollwerk noch einmal so gut. Wer sich ein besonders edles Tröpfchen bei Meeresrauschen gönnen möchte, kehrt vorher noch im Hofladen der Störtebeker Brennerei GmbH in der Strandburg in Alt Reddevitz ein. Wer die Gesellschaft liebt, nimmt Freunde mit. Glück, oh, Glück. Bitte Meer davon.

- Fischerstrand, 18586 Ostseebad Baabe, Tel. (03 83 03) 14 20
  www.baabe.de
- ÖPNV: Bus 20, Ortsbus 25 und Rasender Roland, Haltestelle Baabe; Bäderbahn, Haltestelle Haus des Gastes

BAA 19 N
BAA34
BAA34

Im Speicher die Karten legen

39 Die Spielkartenfabrik in Stralsund

Spielen macht glücklich. Skat, Rommé und Mau-Mau kennt wohl jeder. Doch wie wäre es mit etwas ausgefalleneren Kartenspielen? „Leg dein Leben“ ist ein Anlegespiel für alle, die gern Geschichten erzählen. „Rum und Rollmops“ ist ein von Jugendlichen entwickeltes Strategiespiel für zwei bis sechs Spieler – ohne Würfel und Spielbrett.
In einem ursprünglich als Dampfmühle erbauten Backsteingebäude im Stadtmauerring in Stralsund werden die Karten jeden Tag aufs Neue gemischt – und gedruckt. Die Maschinen stammen zum größten Teil noch aus der Zeit, als die Spielkarten-Produktion hier auf Hochtouren lief. Fast 200 Jahre lang wurden in Stralsund Spielkarten hergestellt. Zu den bekanntesten gehört die feine deutsche Jagdkarte, die um 1860 als Holzschnitt gedruckt und mit der Schablone koloriert wurde. Bis zum Standortwechsel nach Altenburg – heute Deutschlands führender Hersteller von Spielkarten – im Jahr 1931 wurden in der Stadt am Sund mehr als 150 Spiele produziert. Das Geschäft mit den Karten boomte. Da aber in Stralsund keine Vergrößerung der Fabrik mehr möglich war, wurde auf der Hauptversammlung die Stilllegung beschlossen.
Etwa 78 Jahre später ließ der Förderverein Jugendkunst e.V. die Tradition wieder aufleben und setzte alles auf eine Karte. Das Ass im Ärmel waren die noch vorhandenen Maschinen, darunter eine Linotype-Setzmaschine, die als mechanisches Kunstwerk gilt. Heute ist die Spielkartenfabrik in Stralsund Trumpf. Im Erdgeschoss des Speichers am Katharinenberg können Besucher beim Setzen der Buchstaben, beim Drucken, Papierschöpfen und Buchbinden zuschauen – und sogar mitwirken. Es rattert und klappert wie zur guten alten Zeit. In der offenen Museumswerkstatt werden heute nicht nur Jagdkarten und Skatkarten mit feinen Damen und spitzen Buben gedruckt, sondern auch Fische, Piraten und Motive aus der Hansezeit.

TIPP

Regelmäßig werden Workshops veranstaltet, jeden ersten Samstag im Monat ist Linotype-Demo.

- Spielkartenfabrik Stralsund, Katharinenberg 35, 18435 Stralsund, Tel. (0 38 31) 70 33 60, www.spiefa.de
- ÖPNV: RE 9, Haltestelle Stralsund Hauptbahnhof; Bus 1 und 30, Haltestelle Knieperwall bzw. Busbahnhof

KASTENEINTEILUNG

Ausblicke zum Niederknien

40

Unterwegs in den Zickerschen Bergen

Sanft erhebt sich das Hügelland Zickersche Berge auf Mönchgut in den Inselhimmel, scherzhaft auch Rügens Alpen genannt. Statt Kuhglocken ist hier das Blöken der Pommerschen Rauhwoller zu hören, die sich auf den duftenden Kräuterwiesen schafswohl fühlen. Sandwege schlängeln sich durch das Wandergebiet. Höchste Erhebung ist der 66 Meter hohe Bakenberg. Gipfelstürmer entdecken den schönsten Panoramablick bis zum Festland und idyllische Dörfer entlang der Hagenschen Wiek, Kaming, Zicker See und dem Greifswalder Bodden. Die Halbinsel Mönchgut mit ihren feinsandigen Stränden auf der Seeseite und ihren ungezählten Buchten auf der Boddenseite steht unter besonderem Schutz. Der 30 Quadratkilometer große paradiesische Landstrich gehört zum UNESCO-Biosphärenreservat Südost-Rügen und bezaubert mit seiner Ursprünglichkeit. Seltene Pflanzen wachsen hier: zierliches Schillergras, Kegel-Leimkraut, gelbes Habichtskraut, blaue Berg-Sandknöpfchen und rosa Strandnelken. Braunkehlchen, Sperbergrasmücke, Neuntöter und Karmingimpel fliegen darüber hinweg. Im Jahr 2017 wurde der Rundweg über die Zickerschen Alpen neben weiteren sieben Routen in der Kategorie Tagestouren bei der Abstimmung über „Deutschlands schönste Wanderwege“ nominiert, ein Wettbewerb des in Niederkassel erscheinenden „Wandermagazins“. Die Nase vorn hatte zwar der Genießerpfad Himmelssteig im Schwarzwald, gewonnen hat Mönchgut aber trotzdem: an Wertschätzung und Aufmerksamkeit. Vier bis sechs Stunden sollten für die neun Kilometer lange Strecke von Gager aus rund um das Zickersche Höft eingeplant werden. Wer auf dem Weg ab und zu eine Pause einlegt, kann die entspannende Wirkung der Natur spüren. Von den Ausblicken auf den Bodden und die Wiesen waren schon die Romantiker fasziniert. „Zum Niederknien“, schwärmte schon Caspar David Friedrich. Hier sind Weite und Stille garantiert.

TIPP

René Geyer kennt hier jedes Kraut und bietet von April bis September Führungen an: www.natur-geyer.de

● Zickersche Berge, 18586 Gager
www.biosphärenreservat-suedostruegen.de
● ÖPNV: Bus 21, Haltestelle Gager oder Groß Zicker

Das Inselleben schmecken

41 Der Fischereihafen von Sassnitz

Schiffe gucken? Auf dem Kutter speisen? Über eine der längsten Molen Europas bummeln? Hochseeangeln? Fangfrische Meeresspezialitäten kaufen wäre auch noch im Angebot. Willkommen im Fischereihafen Sassnitz. Zwischen Kaikante und Außenmole lässt sich so richtig Hafenflair erleben, inklusive einer frischen Brise, würziger Seeluft und Möwengeschrei. Apropos Möwen: Fette Beute bekommen die lautstarken Vögel morgens von den Fischern, die Hering, Flunder und Co. anlanden und aus den Netzen pucken. Wie Perlen an einer Schnur reihen sich die Fischkutter im Hafenbecken am Molenfuß aneinander. Den zubereiteten Fisch gibt es auf den Räucherkuttern und Gaststuben nebenan: eingelegt, geräuchert, gebraten oder mit Salat und Zwiebeln zwischen zwei Brötchenhälften. Dazu schmeckt Bier vom Fass oder eine gekühlte Limonade. Die Seebären auf den Räucherkuttern haben jede Menge zu tun und gerade in der Hauptsaison stehen die Kunden Schlange.

Im Hafen wird norddeutsche Gastlichkeit großgeschrieben. „Moin!“ oder „Moin! Moin!“ heißt es zur Begrüßung. „Jo, Tschüss!“ zum Abschied. Wer plaudern möchte, sucht sich am besten aufgeschlossene Banknachbarn, Gesprächsstoff gibt es schließlich reichlich. Vielleicht hat ja der eine oder andere Gast noch einen echten Geheimtipp auf Lager, den man unbedingt gesehen haben muss? Auch die Möwen sind immer wieder ein Dauerthema, denn die sind in Sassnitz echte Feinschmecker – kein Fischbrötchen ist vor ihnen sicher. Direkt neben den Kuttern ankern Ausflugsschiffe, die Leichtmatrosen zu den Kreidefelsen und in die Seebäder an der Südostküste Rügens bringen. Wenn die Sonne über der Ostsee aufgeht, ist eine Schiffstour besonders lohnenswert. Das Panorama der Kreideküste von Seeseite aus ist überwältigend und zaubert auch nach einer kurzen Nacht ein zufriedenes Lächeln ins Gesicht. Der Duft des Meeres umhüllt Passagiere wie Parfüm. Bis in den Vormittag hinein erscheinen die sonst weiß-grauen Felsen im wunderbar warmen Licht und die Sonnenstrahlen lassen das Wasser glitzern.

● Fischereihafen, 18546 Sassnitz, www.sassnitz.de
● ÖPNV: Bus 14 und 23, Haltestelle Sassnitz Rügen-Galerie; Bus 13 und 22, Haltestelle Sassnitz Busbahnhof; Stadtbus 18, Haltestelle Stadthafen Parkhaus

Backfisch
Heimat
Heimat

Ein Himmel voller Rosen

42

Die Inselkirche in Kloster

Den Tagestouristen, die von Rügen aus für wenige Stunden die Insel Hiddensee besuchen, wird Kloster als der schönste Ort der Insel angepriesen. Ganz sicher finden sich hier die meisten Sehenswürdigkeiten, deren Besuch lohnt. Die berührendste dieser Sehenswürdigkeiten aber ist eine, die man am liebsten alleine oder mit seelennahen Menschen besucht, um ganz deren Stille und Freude in sich aufnehmen zu können.

Ein Ende des 13. Jahrhunderts gegründetes Zisterzienserkloster gab dem Ort seinen Namen. Um 1330 wurde vor den Klostermauern von den Mönchen des Klosters für die Einheimischen die Inselkirche gebaut. In dem 1780 neu gestalteten Gotteshaus fanden über die Jahrhunderte hinweg die Fischer Trost und Hoffnung in ihrem rauen und kargen Dasein. Diese Erleichterung der Seele spürt der Besucher, der sich auf die Stimmung des schlichten Raumes einlässt, auch heute noch. Keine hoch aufragenden Bögen preisen Gottes Größe, keine monumentale Orgel thront über dem prunkvollen Altar. Fast versteckt auf der Empore ist das Instrument, das zu den Gottesdiensten und in regelmäßigen Konzerten gespielt wird, dann erfüllt es den hell gestrichenen Raum mit seinem vollen Klang. Von der Decke hängt über dem Taufbecken ein pausbäckiger Engel mit Füllhorn, die Wände zieren keine Heiligenbilder, sondern maritime Motive, dazwischen Tafeln mit klugen und einfühlsamen Texten des früheren Pfarrers Manfred Domrös.

TIPP

Auf dem Kirchhof liegt der Literaturnobelpreisträger Gerhart Hauptmann begraben.

Und über allem wölbt sich der Rosenhimmel. Nikolaus Niemeier malte um 1922 das weiße Tonnengewölbe mit zarten Rosen aus und gab dem Kirchenraum damit seine heitere und besänftigende Anmutung. Selbst weniger regelmäßige Kirchgänger können sich dieser Wirkung nicht entziehen. Dies ist kein Ort von religiösen Dogmen und Riten, sondern voller Menschlichkeit und Wärme, ein Ort, der den Besucher schon beim Durchschreiten der hölzernen Pforte herzlich umfängt und einlädt, ganz für sich friedvolle Gedanken zu finden.

- Inselkirche Hiddensee, Kirchweg 42, 18565 Kloster, Tel. (03 83 00) 3 28 www.kirche-hiddensee.de
- ÖPNV: Inselbus 59, Haltestelle Kloster Weißer Weg oder Hafenweg

Mit viel Liebe gebacken

43 Ein Café Klatsch hinter der Düne in Baabe

Kuchen macht glücklich. Dem ist nichts hinzuzufügen. Und wenn er dann noch mit viel Liebe und besten Zutaten gebacken und dazu noch von einer bezaubernden Dame serviert wird, verspricht das Verspeisen höchsten Genuss. Das Café Klatsch hinter der Düne vom Ostseestrand Baabe ist bekannt für seine ausgezeichnete Qualität der Süßspeisen und besten Service. Da können die Wellen am Ostseestrand von Baabe noch so hoch schlagen, die Betreiberinnen, die Zwillingsschwestern Andrea und Dorina, sind stets bestens gelaunt. Stammkunden werden mit einer Umarmung auf das Herzlichste begrüßt und mit einem „Danke! Schönen Tag und bis zum nächsten Mal, ihr Lieben" verabschiedet. Um die fünf bis sieben Kuchen und Torten stehen zur Auswahl: von Sanddornschnitte über Zupfkuchen und Butterkuchen (besonders warm ein Traum) bis zur Bernsteintorte, übrigens die Sahneschnitte unter den Torten. Wer im Hochsommer im Café Klatsch einen Platz finden möchte, muss früh aufstehen. (Okay, so früh auch wieder nicht.) Ab 11.30 Uhr bitten die Schwestern zu Tisch. Im sonnigen Gastraum mit den bodentiefen Fenstern oder auf der Terrasse. An kühlen Tagen liegen Decken und Felle bereit, an sonnigen Tagen werden Schirme aufgespannt. Wem der Sinn nach Abkühlung steht, springt in die Ostsee hinter der Düne. Und wer in einem Buch schmökern möchte, kann in einer Truhe voller Krimis und Belletristik stöbern. Wer sein Lieblingsbuch entdeckt hat, nimmt es für einen kleinen Taler mit und der Erlös kommt den frei lebenden Katzen von Baabe zugute. Die Auswahl an Kaffee- und Teespezialitäten ist groß. Gäste können auswählen, was sie gerade brauchen. Etwas, das aufbaut? Etwas, das erfrischt? Etwas, das beruhigt? Andrea und Dorina haben vorgesorgt. Serviert werden Getränke und Kuchen auf handgetöpfertem Geschirr in Himmelblau. Wie passend – steht doch die Farbe für Harmonie und Zufriedenheit, entspannt und beruhigt. Und im Café Klatsch ist dem nichts hinzuzufügen.

- Café Klatsch, Am Kurpark 2, 18586 Ostseebad Baabe, Tel. (01 72) 3 02 70 58 www.baabe-cafeklatsch.de
- ÖPNV: Bus 20, Ortsbus 25 und Rasender Roland, Haltestelle Baabe; Bäderbahn, Haltestelle Haus des Gastes

Ein Zuhause für Puppen

44 Die Figurensammlung Homunkulus in Vitte

Wenn Karl Huck die Bühne seines Theaters betritt, verwandelt sich der stille Mann in einen Zauberer. Vor den Augen des Publikums ist er Faust und Mephisto zugleich, ist Ahab, der einbeinige Walfänger, und John Silver auf der Suche nach der Schatzinsel, ist Robinson und King Kong und alle sieben Geißlein auf einmal. Und was er in seine Hände nimmt, seien es eine Marionette, ein Puppenkopf oder nur ein Stück Holz, verwandelt sich mit ihm und wird lebendig, erfüllt den Raum des Homunkulus mit Leben und mit Geschichten.
Mit dessen Neubau hat sich der studierte Puppenspieler Huck nicht nur einen Traum erfüllt, sondern einen Ort voller Magie geschaffen, der die Freude der Verwandlung und am Erzählen auf jeden Besucher überträgt. Zum 15-jährigen Bestehen der Seebühne, die mit Puppentheater nur höchst unzureichend beschrieben ist, entstand ein Gebäude, das in seiner fast kirchenartigen Form und der Verkleidung mit Lärchenholz nicht nur architektonisch eine Besonderheit ist. Regelmäßig finden hier Aufführungen von Klassikern wie Goethes „Faust" oder Shakespeares „Sturm", von Märchen wie „Rotkäppchen" oder „Hase und Igel", von Film- und Romanadaptionen statt. Unter Mitwirkung namhafter Künstler wie Tobias Morgenstern oder Corinna Harfouch gibt es dabei immer einen Bezug zum Meer, und immer gibt es liebevolle, ironische Anspielungen auf das Leben auf der Insel Hiddensee. Kleine Informationstafeln verweisen auf die Inszenierungen und zusätzlich werden Lesungen, Gastkonzerte und Filmabende veranstaltet. Doch in erster Linie ist das Homunkulus das Zuhause für die über 1000 Puppen und Figuren, die Karl Huck schon auf seiner Bühne zum Leben erweckte, mit ihnen sprach und lachte und litt. Und wenn der Puppenspieler hinter dem kleinen Tresen Kaffee und Wein ausschenkt, dann möchte man fast glauben, dass dieser stille, bescheidene Mann selber Teil der Geschichten ist, die sich die Figuren erzählen, wenn alle Lichter erloschen sind und das Gebäude des Homunkulus im Dunkeln der Inselnacht liegt.

- Homunkulus Figurensammlung, Norderende 181, 18565 Vitte/Hiddensee, Tel. (03 83 00) 6 05 93, www.homunkulus.de
- ÖPNV: Inselbus 59, Haltestelle Vitte Wallweg

Mit Muskelkraft über die Bek

45

Auf der kleinsten Fähre der Insel in Baabe

Für alle, die immer schon von Ferien am Meer geträumt haben, und für alle, die bereits am Meer leben: Eine Tour mit der kleinsten Fähre der Insel ist der wahre Schlüssel zum Urlaubsglück. Fast das ganze Jahr über setzt Fährmann Kay-Uwe Strandmann mit seinem braunen Holzkahn Leichtmatrosen von Moritzdorf zum Baaber Bollwerk über und andersrum. Wer auf seinem Boot Platz nimmt, wechselt die Welten. Entschleunigung und zurück zur Natur heißen hier die Zauberworte. Das Wasser ist zum Greifen nah, das Ufer links und rechts von Hafen und Anlegestellen schilfbewachsen. Wasservögel brüten hier. Auf dem Berg über dem beschaulichen Moritzdorf mit seinen reetgedeckten Häuschen thront die Moritzburg, ein früheres Ausflugslokal. Bewaldetes Hügelland, Deich und Seebäder bilden eine eindrucksvolle Kulisse auf der anderen Uferseite. Hin und wieder ist das Pfeifen vom Rasenden Roland zu hören. Es riecht nach würziger Seeluft. Etwa 25 bis 30 Ruderschläge und zwei Minuten sind für die 50 Meter kurze Strecke nötig. Für die Jüngsten natürlich viel zu kurz. Wer länger auf See bleiben möchte, steigt auf das Fährschiff der Weißen Flotte am Bollwerk und schippert über den Greifswalder Bodden. Auch Räder nimmt Kay-Uwe mit an Bord, ebenso Kinderwagen und Hunde. Wer aufsteigt, spart ganze acht Kilometer um den Selliner See. Vor Kay-Uwe hatte schon sein Vater die Ruder in der Hand und es sieht ganz so aus, als würde die Familientradition fortgeführt. Denn mit dem Nachwuchs von Kay-Uwe steht schon die nächste Generation am Steg. Seit 1891 gibt es die Fährverbindung über die Baaber Bek, einen Wasserarm zwischen dem Selliner See und dem Greifswalder Bodden. Schietwetter kennen weder Kay-Uwe noch sein Vater. Gerudert wird bei Wind und Wetter, nur bei Schnee und Eis nicht, dann legt der blonde Seemann mit den starken Oberarmen das Ruder aus der Hand. Familie Strandmann ist ein echtes Glück für Rügen. Andernorts längst technisiert, wird hier noch mit Muskelkraft übergesetzt. Das ist Inselgenuss pur.

TIPP

Alljährlich im Juli wird an der Ruderfähre das „Wiesenfest beim Fährmann“ gefeiert.

- Fähre Moritzdorf, Bollwerkstraße 1 b, 18586 Ostseebad Baabe
- ÖPNV: Bus 20 und Rasender Roland, Haltestelle Baabe, weiter mit der Bäderbahn, Haltestelle Bollwerk; Ortsbus 25, Haltestelle Baabe Hafen

RUDERFÄHRE

Der Weg über die Hucke

46 Beseelt von der Schönheit der Insel

So klein die Insel Hiddensee ist, verwöhnt sie doch ihre Liebhaber mit einer Vielzahl unterschiedlicher Landschaftsformen. Neben Strand und Heide bezaubert vor allem das nördliche Hügelland. Für viele gehört der Weg über die Hucke zu den landschaftlich schönsten und reizvollsten Orten der Insel. Als Huk oder eben Hucke werden an der Ostseeküste große Kliffvorsprünge bezeichnet. Und so führt oberhalb von Kloster, entlang der bis zu 50 Meter sich über das Meer erhebenden Steilküste, ein schmaler Pfad am Rand des Waldes entlang, vorbei an Hagebuttensträuchern und knorrigen Kiefern, ausgewaschen und sandig mitunter und durchzogen von malerischen Wurzelgeflechten. Man erreicht ihn, wenn man am Hauptmann-Haus vorbei unter den hohen Buchen hinauf zur Biologenstation der Greifswalder Universität geht, oder aber man schlendert noch ein wenig den Strand entlang und steigt wenige Dutzend Meter hinter dem Strandaufgang Kloster die neue Treppe empor. Im Umdrehen genießt man den weiten Blick über das Meer, zupft noch eine Sanddornbeere vom Strauch, dann taucht man ein in den wunderbar unaufgeräumten Wald auf der Hucke. Das Rauschen der Wellen ist hier nur noch schwach zu hören, dafür umgeben einen das Knarren und Knistern der im Wind schwankenden Bäume, die unterschiedlichsten Laute der Vögel, hier und da ein heimliches Rascheln im Laub. Über allem liegt ein weicher, würziger Duft. Wie von selbst senkt der Wanderer die Stimme und genießt diesen fast mystischen Zauber. Und all die wunderbarsten Kleinigkeiten: einen von Schnecken benagten Fliegenpilz, einen Ameisenhügel am Wegesrand, die an Muskelfasern erinnernden Äste einer Buche, die Spuren von Wildschweinen, Rehen und Füchsen. Immer wieder öffnet sich der Blick zum Meer, das wie eine Theaterkulisse bis zum Horizont reicht. Unter einem fällt die Steilküste ab, bewachsen mit Sanddornsträuchern und Gräsern und zerfurcht von den Abbrüchen, die Wind und Wasser ihr entrissen haben. Irgendwann verlässt man den Wald, man hat den Klausner erreicht, der Leuchtturm erscheint hinter den niedrigen Nadelbäumen.

● Hucke, 18565 Kloster, www.seebad-hiddensee.de
● ÖPNV: Inselbus 59, Haltestelle Kloster Weißer Weg oder Hafenweg

Eine Kapelle am Strand

47 Die beeindruckende Architektur der Strandhalle Binz

Was auf den ersten Blick wie ein winziges Gotteshaus wirkt, entpuppt sich auf den zweiten als außergewöhnliches Restaurant mit fantastischer Küche und beeindruckender Innenarchitektur. Fallen im Außenbereich die bis in das Giebelfeld reichenden Fenster und die schmucken Holzelemente auf, sorgen im Innern die aufwendigen Holzarbeiten und die Ausstattung aus Omas Zeiten für Begeisterung: Samtsofas, Vertikos, Ölgemälde. Im skandinavischen Hallenbaustil um 1893 als Speisesaal für das angrenzende Hotel Seeschloss errichtet, zieht die Strandhalle heute Gäste aus aller Welt an. Auf der Speisekarte stehen Fisch- und Fleisch-spezialitäten; aber auch Vegetarier und Veganer werden hier glücklich. Laut Toni Münsterteicher ist der Ostseedorsch unter der Kartoffel-Rosmarinkruste auf Spitzkohl nach Wittower Art mit Senf-Basilikum-Sauce das am häufigsten kopierte Gericht in Rügens Gaststuben. Auch einen Binzer Sturmsack hat der 1953 in Verl/Westfalen geborene Strandhallen-Gründer kreiert: ein Windbeutel mit blauer Grütze und Sahne. Seit gut 20 Jahren ist Münsterteicher auf der Insel. Die Liebe führte ihn an die Ostsee. Und diese Liebe schmeckt man in seinen Kreationen. Wer einen Platz im Freien ergattert, hat grenzenlosen Blick auf die Binzer Badebucht mit ihrem Puderzuckersand und das Waldgebiet Granitz mit den uralten Baumriesen. Der Usedomer Buchautor Hans-Ulrich Bauer vermutet, dass der auffallende Bau sogar von der Wolgaster Actien-Gesellschaft für Holzbearbeitung stammen könnte, Deutschlands erstem Fertighaus-Betrieb. „Der Eingangsbereich des heutigen Restaurants begann ursprünglich mit großen gläsernen 90-Grad-Bögen. Die aufwendigen Holzarbeiten erinnern sehr stark an die für die Firma typische Innenarchitektur." Hans-Ulrich Bauer ist jedes Mal aufs Neue begeistert, wenn sich Besitzer von Wolgaster Holzhäusern zu einer Sanierung statt einem Abriss entschließen. In der Strandhalle werden Traditionen bewahrt.

● Strandhalle Binz, Strandpromenade 5, 18609 Ostseebad Binz, Tel. (03 83 93) 3 15 64, www.strandhalle-binz.de
● ÖPNV: RE 9 und Rasender Roland, Haltestelle Binz; Bus 22, Haltestelle Binz Ortsmitte; Bus 24, Haltestelle Binz Großbahnhof; Bäderbahn und Bus 27, Haltestelle Haus des Gastes

Träume leben und erleben

48 Naturgenuss auf Gut Rosengarten

Als Joachim Berg das Gut Rosengarten im Süden von Rügen, umgeben von Feldern, Wiesen und Bodden, erstmals sah – damals noch in einem beklagenswerten Zustand –, verliebte er sich sofort. Ein Konzept wurde entwickelt, ein ökologischer Gutsbetrieb gegründet. Zur Freude von Anwohnern und Denkmalschützer bewahrte er die Gutsanlage vor dem endgültigen Verfall und führte sie Schritt für Schritt ihrer heutigen Nutzung zu. Rund um das alte Gutshaus baut er mit seinen Mitstreitern Bio-Obst und Bio-Gemüse an und verkauft es erntefrisch im eigenen Hofladen. Heute sind die Verkaufsfläche und das Gewächshaus verpachtet.

Ein Blick in die Chronik zeigt, dass das Herrenhaus nach 1955 als Kinderheim genutzt wurde. Im gleichen Jahr wurde die LPG Charenza Garz gegründet, die bis zur Wende Bestand hatte. Wer weiter zurückblättert, erfährt, dass unter anderem Herzog Wartislaw VI. den Hof 1392 erwarb und dem Kloster Eldena bei Greifswald schenkte. 1815 war die Familie von Rosen neuer Eigentümer, später die Familie von Langen. Knapp 100 Jahre später ließ es der neue Eigentümer Freiherr von Maltzan sprudeln, als er die Mineralwasserquelle Hertha auftat. Der letzte Gutsherr Gustav Woltmann und seine Frau, die das Gut 1911 erwarben und Viehzucht im großen Stil betrieben, haben im Park ihre letzte Ruhestätte gefunden.

TIPP
Im Hofcafé Kaffee und Kuchen in landschaftlichem Idyll genießen.

Joachim Berg und vielen fleißigen Helfern ist es zu verdanken, dass es heute wieder ein Genuss für die Sinne ist, durch den denkmalgeschützten Landschaftspark zu wandeln. Die Beek schlängelt sich durch die Wiesen, an ihrem Ufer tanzen Libellen. Im Frühjahr rollt die Natur hier einen gelben Teppich aus, dann ist der Boden mit Tausenden Osterglocken übersäht. An der Zufahrt blühen ebenso viele Rhododendronsträucher.

Hier wird nicht nur geträumt, hier werden Träume auch gelebt und damit ein Stück Inselgeschichte gerettet. Ein Glücksfall für Rügen.

- Gut Rosengarten, Hofladen und Café, Rosengarten 9 a, 18574 Garz, Tel. (03 83 04) 82 81 84, www.gut-rosengarten.de
- ÖPNV: Bus 30, 33 und 34, Haltestelle Garz Wendeschleife, 1,5 Kilometer Fußweg

Leckeres vom Räucherschiff

49 Fischbrötchen bei Berta in Lauterbach

Berta hat es drauf. Rüganer und Gäste lieben die alte Dame. Der Duft, der von ihr ausgeht, durchströmt das ganze Hafengelände. Berta ist kein Rügener Pfundsmädel, sondern ein Räucherschiffkutter im Lauterbacher Hafen. In der warmen Jahreszeit ist die Gangway der Weg zu mehr Lebensglück. Hier gibt es delikat und frisch zubereitete Fischbrötchen und Räucherfisch. Authentischer als auf der Berta kann man weit und breit keine Fischbrötchen genießen. Mit Matjes, Heilbutt, Lachs und Co. belegt werden die Backwaren serviert. In der Theke liegt Räucherrollmops neben Flundern, Rotbarsch und Makrelenfilet. Auch Schwarzer Heilbutt und Lachsforelle stehen auf der Angebotsliste. Alle Fischspezialitäten isst man am besten gleich an Ort und Stelle auf dem Kutter, am besten stilecht mit einem Störtebeker Weizen, und lässt sich dabei eine würzige Brise Meeresduft um die Nase wehen. Gut gestärkt, empfiehlt sich ein Hafenbummel, um die guten Bissen zu verdauen. In Lauterbach gibt es einen kleinen Fischereihafen, einen Yachthafen mit schwimmenden Häusern, Gaststätten und wenige kleine Geschäfte. Ein knapp zwei Kilometer langer Wanderweg führt direkt am Bodden entlang bis nach Neuendorf. Der Naturbadestrand dort ist ideal für kleine Kinder. Wer Wald und Steilküste bevorzugt, biegt in die andere Richtung ab und spaziert am Hafen in Lauterbach entlang in Richtung Goor, vorbei an dem tempelartig gestalteten und gleichnamigen Gebäude, das ehemalige Badehaus des Fürsten. Neben dem Räucherschiff Berta hat Julchen ihren Liegeplatz. Die beiden sind ein ungleiches Paar. Die 1965 gebaute Hamburger Hafenbarkasse gehört zur Fahrgastreederei Lenz und bringt täglich bis zu 60 Passagiere zur Insel Vilm. Und da Seeluft bekannterweise hungrig macht, lohnt nach der Rückkehr in Lauterbach ein Abstecher zu Berta. Bis jetzt hat die Crew noch jeden Leichtmatrosen satt bekommen.

- Räucherschiff Berta, Am Hafen 1, 18581 Lauterbach
- ÖPNV: PRE und Rasender Roland, Haltestelle Lauterbach; Bus 30, Haltestelle Lauterbach Hafen

äucherschiff "BERTA"

Ein Idyll abseits der Straße

50 Museumscafé Gingst im Museumshof

Vielleicht gehört Gingst zu den unterschätzten Orten auf der Insel Rügen. Schnurgerade führt die Landstraße hinein zum Markt und während man noch überlegt, hier irgendwann auch mal halten zu können, hat man die Häuser schon wieder hinter sich gelassen und fährt weiter, Richtung Hiddensee zum Beispiel oder Richtung Samtens. Doch vielleicht hat man auch Glück und nimmt sich Zeit: Dann folgt man dem Hinweis auf die Historischen Handwerkerstuben und entdeckt einen Ort, den man nicht mehr verlassen möchte. Zunächst sind da die beiden Fachwerkhäuser mit zahlreichen Ausstellungsstücken aus verschiedenen Epochen, die ihre Geschichten erzählen vom beruflichen und häuslichen Alltag der Schuhmacher, Weber, Schneider und anderer Handwerker. Dahinter öffnet sich ein Hof, der vergessen lässt, dass man gerade eben noch auf einer Durchfahrtsstraße war. Wann hat man je so ein Gefühl des Ankommens? Ein in jeder Jahreszeit wunderschöner Garten unter hohen, alten Bäumen wird seitlich geschützt vom lang gezogenen reetgedeckten Gebäude der ehemaligen Scheune. Im Sommer kann man in ihrem Schatten sitzen, und wenn es kühler wird, lädt sie mit dem Duft von frischem Kaffee und hausgebackenem Kuchen zum Eintreten ein. Man wird umfangen von der Atmosphäre einer Geborgenheit und Freundlichkeit, von der man gar nicht ahnte, dass man sich danach gesehnt hat.

Im angeschlossenen Museumsladen kann man stöbern zwischen Kunsthandwerk, Naturprodukten und vielen, auch antiquarischen, Büchern und Schallplatten. Es ist ein Ort zum Verweilen und Genießen, zum Bleiben und Träumen. Ein Ort, an dem es gut ist, zu sein, und vielleicht fragt man sich nur, warum man hier nicht schon viel eher war.

- Museumscafé, Karl-Marx-Straße 19 a, 18569 Gingst, Tel. (03 83 05) 53 99 93
www.museumscafe-gingst.de
- ÖPNV: Bus 35, 37, 38 und 41, Haltestelle Gingst oder Gingst Schulhof (Wendeschleife)

Reproduktionen
der Tierstudien
von Maximilian Leo
1 Motiv à 5,50 EUR
alle 4 Motive für 20,00 EUR
Wasser

Galerie im Pflanzenhaus

51

Die Orangerie Putbus – Rügens Ausstellungszentrum

Wo einst die Pflanzen des Fürsten überwinterten und fremdländische Gehölze für den Schlosspark akklimatisiert wurden, werden heute Werke bedeutender Künstler gezeigt. Die nach einem Entwurf von Wilhelm Steinbach um 1816 errichtete und 1853/54 durch den Berliner Architekten Friedrich August Stüler umgestaltete Orangerie ist ein Bernstein klassizistischer Baukunst. Sie besteht aus einem dreiachsigen Mittelpavillon, zwei seitlichen einachsigen Pavillons und lang gestreckten Verbindungstrakten. An der Südseite ist das einstige Pflanzenhaus zu finden, charakteristisch sind die hohen verglasten Rundbogenarkaden auf gusseisernen Säulen. Eine Treppe führt in den Park. Der einstige Pferdestall des Fürsten und der Schwanenteich mit seiner Pergola sind in Sichtweite. Die Wappen haltenden Löwen auf der Terrasse stammen noch aus dem Schloss. Das existiert heute nur noch auf Fotos. Der einst größte weltliche Bau der Insel verschwand aus kulturpolitischen Gründen und entgegen der Meinung von Denkmalpflegern in den 60er-Jahren. Wer heute durch die lichtgeflutete Orangerie wandelt, kann sich kaum vorstellen, dass hier Umsiedlerfamilien gewohnt haben. Später waren hier die Stadtbibliothek und die Kurverwaltung ansässig. Wechselhaft war die Nutzung der Orangerie in den vergangenen Jahrzehnten. Als feste Größe hat sich die KulturStiftung Rügen etabliert. Mehrmals jährlich laden die Mitglieder zu Ausstellungen, Lesungen und Konzerten ein. So ganz weit weg sind sie damit von der ursprünglichen Nutzung des Fürsten nicht. Veranstaltungen fanden hier auch schon zu der Zeit statt, als die Orangerie noch als Treibhaus genutzt wurde. Seit Januar 2011 präsentiert die KulturStiftung auf mehreren Etagen Exponate aus ihrer Sammlung. Der Schwerpunkt liegt hauptsächlich in der klassischen Moderne und im deutschen Expressionismus. Auch der Berliner Maler und Filmemacher Frank Otto Sperlich hat hier seine Galerie. In dieser beeindruckenden Kulisse können Verliebte den Bund der Ehe schließen. Nicht nur die Orangerie, auch der Schlosspark bietet traumhafte Fotomotive.

TIPP

Weitere Galerien befinden sich am Markt (Atelier Rotklee) und am Circus 1 (Susanne Burmester Galerie).

● Orangerie Putbus, Alleestraße 35, 18581 Putbus
www.kulturstiftung-ruegen.de
● ÖPNV: Bus 30 und 31, Haltestelle Circus; Rasender Roland, Haltestelle Putbus

HARALD
HOFFMANN
DE VERE

Wellness für die Seele

52 Auszeit am Nordstrand Sellin

Was macht wahren Reichtum aus? Am Meer sitzen, der Brandung lauschen, Möwen hinterherschauen, in die Ferne blicken, in einem Buch schmökern, verliebt sein, geliebt werden, auf Steinen tanzen. Und das mit viel Leidenschaft und Hingabe. Wo man das kann? Am Nordstrand von Sellin zum Beispiel. Hier wechseln sich feinster Sand und Steine ab. Die Steine sind von Wind und Wellen geformt, die meisten weit gereist. Gletschermassen haben sie von Skandinavien mitgebracht. Schließlich soll die Insel Rügen auch etwas von der bunten Pracht haben. Ja, da sind die Skandinavier großzügig. Wer seinen Blick nach links wendet, erkennt den Fährhafen Sassnitz-Mukran. Von hier aus schippern die Fähren in den hohen Norden, Königslinie nennt sich die Verbindung nach Schweden. In östlicher Richtung befinden sich die Hafenstadt Sassnitz und die Kreideküste von Jasmund. Die weißen Villen der Altstadt und die weißen Felsen strahlen in der Morgensonne. Wenn der Tag erwacht, ist es am Nordstrand am schönsten, denn bei Sonnenaufgang vermischen sich die Farben zwischen Himmel und Meer. Jetzt auf einen Stein setzen und genießen. Dieser Moment, die Wärme und das Licht auf der Haut zu spüren, bewusst dem Wellenklang zu lauschen, die Seeluft einzuatmen, den vorüberziehenden Schiffen zuzuschauen, tun der Seele gut und geben Kraft für den Tag. Frühaufsteher treffen sich zum Morgensport, frei und glücklich dehnen sie ihre müden Leiber. Manche sagen, dass eine Stunde Strandgymnastik und ein anschließendes Bad in der frischen Ostsee einer Woche Wellness-Urlaub gleichkommen. Um die Mittagszeit öffnet sich die hohe gläserne Tür vom Brückenhaus, das mit seinen Türmchen durchaus mit einem Schloss über dem Meer verglichen werden darf. Hier genießt man unter Palmen Eis und Kuchen (machen definitiv glücklich), Fleisch- und Fischgerichte. Wenn die Sonne untergeht, verlieren die Wellen ihre Kraft und das Gewusel am Strand verebbt, dann kommt man mit lieben Freunden zum Wein auf der Seebrücke zusammen. Das ist wahrer Reichtum.

● Nordstrand, 18565 Ostseebad Sellin, www.ostseebad-sellin.de
● ÖPNV: Bus 20, Haltestelle Hauptstraße; Ortsbus 25, Haltestelle Wilhelmstraße oder Seebrücke; Bäderbahn, Haltestelle Seebrücke; Rasender Roland, Haltestelle Sellin West oder Sellin Ost

Mönchguts unberührte Natur

53 Das steil aufragende Kliff am Reddevitzer Höft

Glücksgefühle löst eine Wanderung zum Reddevitzer Höft aus. Der Weg führt durch das idyllische Fischerdörfchen Alt Reddevitz über eine 130 Meter breite Landverbindung auf die westlichste Halbinsel Mönchgut. Auf einer Anhöhe ist das Naturparadies von Doris Teutenberg zu finden. Alte Obstsorten wachsen in ihrem Garten. Alljährlich lädt sie auf ihrem Hof zum Apfelblütenfest ein. Wenige Meter weiter – in der Mönchguter Hofbrennerei Zur Strandburg – wird seit mehr als zwölf Jahren feinster Whisky produziert. Ansonsten kann man sich hier die Taschen mit leckeren Obstbränden und Likören, Kräuterspezialitäten und Fruchtaufstrichen füllen. Ein Stück Blechkuchen oder Brot mit Griebenschmalz dienen als Stärkung für den weiteren Spaziergang über die vier Kilometer lange und 200 bis 500 Meter breite Halbinsel. Der Weg führt an Wiesen und Feldern vorbei und bietet einen reizvollen Panoramablick auf den Greifswalder Bodden. Das Nordufer ist fast überall bewaldet. Im Südosten ist das Ufer schilfbedeckt. Wer das Reddevitzer Höft erreicht hat, wird mit schönstem Ausblick belohnt. Neigt sich der Tag dem Ende, ist die Stimmung an Romantik kaum zu überbieten. Hier ist einer der schönsten Plätze auf der Insel, um den Sonnenuntergang zu erleben. Wenn der schmale Strand nicht überspült ist, lohnt sich eine Wanderung um das Höft herum. Das Steilufer zählt zu den höchsten an der Ostsee. Wind und Wellen nagen an dem beeindruckenden Kliff aus Geschiebelehm, das wie eine mächtige Mauer in den Inselhimmel ragt. Uferschwalben haben hier ihre Höhlen und flattern putzmunter umher. Auf großen Steinen halten Möwen und Kormorane Ausschau. Mit etwas Glück zeigt sich auch ein Seeadler. Zum Baden ist der Strand nicht geeignet; zum Steinpyramidenbauen umso mehr. Die südwestlichste Spitze von Alt Reddevitz wird Kasper Ort genannt. Auch hier liegen Steine in beeindruckender Zahl und in den verschiedensten Farben und Größen. Den Eismassen aus Skandinavien haben wir die Felsen zu verdanken. Nach Osten hin wird das Ufer immer flacher. Wer Stille und weitestgehend unberührte Natur sucht, wird hier sein Glück finden.

- Reddevitzer Höft, Alt Reddevitz, 18586 Middelhagen
- ÖPNV: Bus 21, Haltestelle Alt Reddevitz

Im Einklang mit der Natur

54 Das LebensGut Frankenthal: ökologisch wertvoll

Frankenthal – das ist kein Dorf in den Bergen, sondern ein winziges Dörfchen im kaum touristisch erschlossenen Südwesten der Insel, nur drei Minuten von Samtens entfernt. Auf dem dortigen Gut haben sich Menschen zu einem Verein zusammengeschlossen, die es sich zur Aufgabe gemacht haben, im Einklang mit der Natur zu leben. Das spiegelt sich unter anderem in ihren Aktivitäten wider: ein Schaugarten mit alten Obst- und Gemüsesorten, ein Kälberstall für die artgerechte Haltung vom Aussterben bedrohter Nutzrassen wie das Rauhwollige Pommersche Landschaf, eine Werkstatt zur Verarbeitung von Wolle und ein Treffpunkt für Menschen, die sich für alternative Lebensweisen interessieren. Vieles ist noch im Aufbau, vieles haben sie schon erreicht. Davon können sich Besucher bei Veranstaltungen überzeugen. Beim Frühlingsfest im Mai kommt die Öko- und Bioszene des Landes zusammen. Eine Spinnerin sitzt neben einer Schneiderin, die aus alten Jeanshosen Ballonröcke kreiert. Eine Heilpraktikerin informiert über ihre Arbeit und verteilt Rosenbowle. Eine Autorin signiert ihr neuestes Rügen-Buch. Keramiker geben Tassen und Schüsseln von Hand zu Hand. Ein Ökobauer verkauft Obst und Gemüse von seinem Hof. Es gibt Streuselkuchen aus der Gutsküche. Eine Puppenspielerin zeigt die Geschichte von Peter und dem bösen Wolf. Die Band Koggen-Folk rockt die kleine, selbst gebaute Bühne. Beim Frühlingsfest herrscht auf dem Gut Frankenthal Ausnahmezustand. Besucher kommen von weit her. Denn längst hat sich das Engagement der Vereinsmitglieder weit über die Landesgrenzen hinaus rumgesprochen. Regelmäßig kommen die Frankenthaler zu Arbeitseinsätzen zusammen. Abends wird bei Tee, Wein und gutem Essen über die nächsten Aktionen gesprochen, manchmal auch getanzt oder einfach nur gelauscht. Zum Beispiel über das Wetter, denn auch NDR-Wetterexperte Stefan Kreibohm gehört zu den Stammgästen. Die Kräuter für den Tee stammen natürlich aus dem hauseigenen Garten: Zitronenmelisse, Baldrian und Johanniskraut. Die Teemischungen von Gut Frankenthal sind mittlerweile an vielen Orten auf der Insel erhältlich. Glück, das schmeckt.

- LebensGut Frankenthal e. V., Frankenthal 7, 18573 Samtens, Tel. (03 83 06) 23 03 70 www.lebensgut-frankenthal.de
- ÖPNV: RE 9, Haltestelle Samtens; Bus 41, Haltestelle Samtens Bahnhof

Die Sinne schärfen

55 Am Ostseestrand Dranske hoch im Norden

Der Naturstrand von Dranske ist eine große Einladung, zur Ruhe zu kommen und die Sinne zu schärfen. Fernab der belebten Strandbäder besticht er durch seinen rauen, authentischen Charakter. Die See rauscht mal sanft, mal wild und geheimnisvoll. Und trägt den Betrachter weit fort. Lässt er sich treiben, schwimmt er mit dem Strom oder taucht er ab in die Tiefe? Alles ist möglich. Der Blick wandert zur Sehnsuchtsinsel Hiddensee mit ihrem Hügelland. Die Wellen berühren unsere nackten Füße und die Sonne unser Herz, wir spüren pures Lebensglück. Und erkennen, was wirklich wichtig ist. Es muss nicht alles perfekt sein. Wir drosseln das Tempo, fühlen mit der Natur und erkennen unseren Lebenstakt wieder. Warum bleiben wir nicht einfach sitzen? Am Ostseestrand von Dranske kann man herrlich schweigen, den Wellen entgegen- und den Vögeln nachschauen oder Steine und Muscheln sammeln. Man kann Strandgut sammeln und daraus zur Erinnerung an einen wunderbaren Strandtag Windspiele basteln.

Wem nun der Sinn nach etwas Sport steht, der steigt ins Segelboot oder aufs Surfbrett. Auf der Boddenseite nahe des Seestegs gibt es eine Surfschule, die neben Surfausrüstung auch Jollen und Katamarane vermietet. Wind geht hier immer genug, nicht ohne Grund heißt die Halbinsel Witow, was sich mit Windland übersetzen lässt. Das flache Wasser bietet auch Anfängern beste Begebenheiten. Aber natürlich kann man auch einfach so ins Wasser springen, schwimmen, tauchen.

Wenn die Sonne hinter Hiddensee im Meer versinkt, entfaltet sich der Zauber der Langsamkeit. Sobald sie sich verabschiedet hat, schickt der Leuchturm Dornbusch seine Lichtstrahlen über das Meer, ist der Sternenhimmel wie eine Decke. Also einfach liegen bleiben und den Augenblick genießen. Das Leben ist voller Wunder.

TIPP
Im Café Sahne leckere Torte und Pizza genießen: Karl-Liebknecht-Straße 6, 18556 Dranske.

- Ostseestrand, 18556 Dranske
- ÖPNV: Bus 13, Haltstelle Dranske

Das Hawaii der Ostsee

56

Ummaii: Urlaub für alle

Urlaub mit der ganzen Familie zu machen, ist eine im Kabarett gern kolportierte Herausforderung: Während der kleine Sohn gerne über Spielplätze toben will, besteht die Tochter im Teenageralter auf Strandbräunung, am liebsten in der Karibik, die Mutter möchte die Schönheiten unberührter Natur genießen, und der Vater sucht eher die aktive Entspannung bei sportlichen Herausforderungen. Wie soll man da nur alle glücklich machen, noch dazu, wenn das Budget begrenzt ist? Die Antwort könnte sein, das Land zu verlassen – ein bisschen zumindest. Denn Ummaii ist mehr als ein Wortspiel aus Ummanz und Hawaii. Für das Surferparadies westlich von Rügen haben Simone und Achim Keilich einen fiktiven Staat gegründet, inklusive eigener Flagge, eigenen Ausweises und eigener Währung. Die Staatsangehörigkeit lässt sich direkt nach der „Einreise“ oder vorab auf der Internetseite beantragen und berechtigt dazu, sich Bürger von Ummaii zu nennen, inklusive einiger Vergünstigungen. Aber über diese schmunzeln machende Marketingidee hinaus bietet das Areal im äußersten Westen der Insel Ummanz tatsächlich optimale Wassersportbedingungen, sei es Surfen, Segeln oder Kiten im größten Stehrevier Deutschlands. Für Einsteiger gibt es eine Surfschule, nicht weit vom Hostel, das vom sportbegeisterten Ehepaar selbst betrieben wird. Wem das zu anstrengend ist, der genießt das Baumhaus-Restaurant, den Naturbadestrand oder den Abenteuerspielplatz, die Livemusik oder Discoklänge in der TikiBar. Und an den Abenden berauscht man sich entweder an einem der fruchtigen Cocktails oder an dem fast kitschig-schönen Blick auf den Sonnenuntergang hinter der nur knapp vier Kilometer entfernten Insel Hiddensee. Sogar heiraten kann man hier in der eigens für größere Feiern hergerichteten Veranstaltungsscheune; und das alles gelegen im idyllischen Nationalpark der Boddenlandschaft mit seiner einzigartigen Flora und Fauna. Vielleicht ist der Trip nach Ummaii nicht der typische Urlaub an der Ostsee. Aber glücklich macht er allemal – und zwar alle!

● Ummaii, Rügen Surfhostel, Suhrendorf 8, 18569 Suhrendorf, Tel. (03 83 05) 5 50 18
www.ummaii.de
● ÖPNV: Bus 38, Haltestelle Suhrendorf

Glück im hohen Norden

57 Im Kräutergarten von Putgarten

Durch einen Kräutergarten streifen und dabei betörende Düfte und Blütenträume einfangen – auch das ist Glück. Klar, dass sich bei 1800 Sonnenstunden im Jahr die Pflänzchen an der Nordspitze der Insel besonders wohlfühlen. In Rügens nördlichster Gemeinde, direkt hinter dem Gutshaus auf dem Rügenhof, befindet sich ein großer insektenfreundlicher Garten. Unter alten Obstbäumen wachsen und gedeihen zum Beispiel Johanniskraut, Liebstöckel, Melisse und Salbei, Petersilie, Dill und Rosmarin. Jede Pflanze birgt ein Wunder, weiß Christa Heinemann, die seit drei Jahrzehnten im Gutshaus lebt und arbeitet. Zusammen mit ihrem Mann Ernst Heinemann macht sie das, was unsere Vorfahren schon vor Jahrhunderten getan haben: die Pflänzchen sammeln, trocknen oder zu Kräuterölen, Säften, Likören, Aufstrichen und Speisen verarbeiten. Die gibt es dann im eigenen Hofladen im Gutshaus zum Mitnehmen für zu Hause oder zum Gleichgenießen im Wintergarten oder auf der Terrasse im Garten.

TIPP

Auf dem Rügenhof gibt es kleine Geschäfte und Werkstätten, regelmäßig finden hier Veranstaltungen statt.

Im Gutshaus selbst gibt es auch viele regionale Produkte. Gutshaus Putgarten, Kontor und Hof-Café gehören seit 2024 zur Alten Pommernkate GmbH. Nach einem Umbau präsentiert sich das Haus im modernen Gewand. Den Betreibern liegt am Herzen, was auf und um Rügen produziert wird. Und dazu gehören auch Nudeln aus der hauseigenen Nudelwerft in Rambin – zum Beispiel mit Seegras, Basilikum, Knoblauch und Bärlauch. Die selbst gemachten Leckereien lassen auch in der dunklen Jahreszeit die Sonne ins Herz und heben die Stimmung, weiß Kräuterexperte Ernst Heinemann. Besonders beliebt: Sanddorn – ob als Saft, Aufstrich oder Likör. Aufgrund des hohen Vitamin-C-Gehalts ist Sanddorn ein echter Muntermacher. Kein Hexenwerk, sondern Natur und Lebensglück.

- Kräutergarten Putgarten, Dorfstraße 22, 18556 Putgarten, Tel. (03 83 91) 43 99 90 www.ruegen-direkt.de
- ÖPNV: Bus 14, Haltestelle Putgarten

Mediterranes Altstadtflair

58

Die weißen Villen von Sassnitz

Zwischen Kreideküste, Buchenwald und Meer befindet sich die nördlichste Hafenstadt des Landes. Weiße Villen mit verzierten Balkonen, verwinkelte Gassen und ein Marktplatz prägen das Bild der Altstadt. Der Steinbach fließt hindurch. Von hier aus führen alle Wege an die Ostsee. Hier gibt es zwar keinen Sandstrand wie in den Seebädern im Südosten von Rügen, doch dafür schönstes Hafenflair und wohltuende Ruhe. Die Strandpromenade führt zum Fischereihafen. Hier kann man den Fischern morgens beim Anlanden von Hering, Dorsch und Flundern zuschauen. Die gibt es dann geräuchert zwischen zwei Brötchenhälften auf einem der Räucherfischkutter oder delikat mit Pfannensoße und Petersilienkartoffeln angerichtet in einer der Gaststuben. Wer seinen Weg in Richtung Kreideküste fortsetzt, sieht die imposanten Felsen, die je nach Sonneneinstrahlung und Abbruch schon von Weitem leuchten – begleitet vom Meeresrauschen und Möwengeschrei. In den kommenden Jahren soll hier zwischen Kurplatz und Nationalparkgrenze ein etwa 600 Meter langer und mindestens 2,30 Meter hoher Steinwall die Sassnitzer vor Hochwasser und Sturmfluten schützen. Der Musikpavillon an der Strandpromenade trägt die Handschrift des Binzer Bauingenieurs Ulrich Müther, der mit seinen Schalenbauwerken weltberühmt wurde. Von der Form her erinnert er an eine Muschel. Perlen der Musikbranche nutzen ihn für ihre Konzerte. Wer durch die Altstadt flaniert, fühlt sich in die gute alte Zeit zurückversetzt. In den historischen Bauten erholen sich heute wie damals Sommerfrischler. Von den Balkonen der weißen Villen reicht der Blick weit auf die Ostsee hinaus. In der Ferne sind die Seebäder zu sehen, ja, sogar der Mittelturm von Jagdschloss Granitz. Am Horizont zieht die Fähre nach Schweden vorüber, Fischkutter, Ausflugsschiffe, auch Angelschiffe. Feste, die in der Altstadt gefeiert werden, gehören zu den stimmungsvollsten auf der Insel. Zu den Höhepunkten zählen die Vollmondfeste im August sowie die Weihnachtsmärkte am ersten Dezemberwochenende. Die Atmosphäre ist herzlich, das Flair mediterran. Hier bleibt man gerne länger.

TIPP

Ein Rundgang mit Stadtarchivar Frank Biederstaedt, Termine über die Stadtbibliothek.

● Altstadt Sassnitz, 18546 Sassnitz

● ÖPNV: RE 9, Haltestelle Sassnitz; Bus 14 und 23, Haltestelle Hauptstraße; Bus 13 und 22, Haltestelle Busbahnhof; Stadtbus 18, Haltestelle Bergstraße

FÜRSTENHOF
ALEXANDER

Ankommen auf dem Seeweg

59 Unterwegs mit der Glewitzer Fähre

Die romantischste Art, nach Rügen zu reisen, ist wohl über den Seeweg. In Stahlbrode – zwischen Greifswald und Stralsund – können Inselurlauber ihr Fahrzeug auf eine Autofähre lenken und sich ganz bequem zurücklehnen. Im 20-Minuten-Takt bringt die knapp 60 Meter lange und mehr als 12 Meter breite Motorfähre Autos und Passagiere nach Glewitz im Süden der Insel Rügen. Zwölf Minuten dauert die Überfahrt. Zeit genug, die Autotür von außen zu schließen, über die Reling auf das flache Inselland und den Strelasund zu schauen und sich den frischen Seewind um die Nase wehen zu lassen. Verlässliche Begleiter sind die Möwen, die sich gerne auf den Dalben – so nennt man die in den Hafengrund eingerammten Pfähle – niederlassen und das bunte Treiben mit wachem Blick und viel Gezeter verfolgen. Wenn sich die rot-weiße Schranke nach dem Anlegemanöver hebt, rollt der Verkehr auf das Inselland und weiter durch die grünen Tunnel in Richtung Norden. Ein kurzer Blick zurück, ein kurzes Abschiednehmen, um sich dann voll und ganz der Insel hinzugeben. Manchmal, so scheint es, würde es beständig darum gehen, die Geschwindigkeit zu erhöhen und möglichst effizient voranzukommen. Und dabei ist es durchaus erstrebenswert, das Tempo zu drosseln und einen Gang zurückzuschalten. Die Insel Rügen mit ihren vielen Glücksorten hat es verdient, achtsam und mit viel Zeit im Gepäck erobert zu werden. Der erste Halt auf der Insel könnte Glewitz sein. Am kleinen Naturstrand lässt es sich wunderbar verweilen und den Segelschiffen hinterherschauen – oder durch das Wasser waten. Am Wasserwander-Rastplatz schaukeln Segelboote. Von hier aus lassen sich die Autofähren, die zwischen April und Oktober im Pendelverkehr zwischen Stahlbrode und Glewitz fahren, besonders gut beobachten. Ankommen und Abfahren. Jeden Tag starten Inselgäste hier ins Urlaubsglück oder verlassen Rügen mit (hoffentlich) vielen schönen Erinnerungen. Bis zu den nächsten Ferien.

- Glewitzer Fähre, Büro Weiße Flotte, Fährstraße 16, 18439 Stralsund, Tel. (0 38 31) 2 68 10, www.ruegen-faehre.de
- ÖPNV: Bus 33, Haltestelle Losentitz, weiter über den Fuß- und Radweg bis Glewitz

Viel Grün und weißes Gold

60 Waldbaden am Kreidesee Dargast

Ein schmaler Pfad führt zum Kreidesee, der etwas versteckt hinter dem Landgut Dargast liegt. Er befindet sich rechter Hand in einer Linkskurve auf dem Weg zum Nationalpark Jasmund. Wer mit einem fahrbaren Untersatz unterwegs ist, kann sein Gefährt am Wegesrand abstellen. Der Pfad führt geradewegs in einen Urwald. Wer das Vogelgezwitscher, den Lichteinfall und den Duft der Bäume bewusst in sich aufnimmt, kommt zur Ruhe und findet zu sich selbst. Und am Ende des Weges den Kreidesee in seiner ganzen Schönheit. Türkisfarbenes Wasser, weiß-graue Kreidewände und ein buntes Blütenmeer an seinen Ufern. Seit der letzte Kreidearbeiter hier abgezogen wurde, konnte sich die Natur ungestört entwickeln.

Der Kreideabbau hat auf der Insel eine lange Tradition. Im 19. und frühen 20. Jahrhundert wurde die Kreide an einer steilen Abbruchwand mit Spitzhacken losgeschlagen und auf Lohren zum Rührwerk gefahren. Ein Knochenjob. Später übernahmen Bagger diese Aufgabe. Die Rohkreide aus den Jasmunder Brüchen wurde mit einer Kreidebahn nach Martinshafen bei Sagard oder mit einer Schwebebahn zum Sassnitzer Hafen transportiert und dort verschifft. Rund 500.000 Tonnen Rohkreide wurden 1928 in beiden Häfen verladen. Nach 1945 gab es auf Rügen 19 Kreidewerke. Heute ist nur noch der Tagebau Promoisel in Betrieb. Die mit einem Schaufelbagger abgebaute Rohkreide gelangt über eine zwei Kilometer lange Bandanlage ins Kreidewerk Klementelvitz (zwischen Sagard und Sassnitz) und wird dort zur Rügener Schlämmkreide aufbereitet. Als Rügener Heilkreide findet sie unter anderem im medizinischen Bereich Verwendung. Wer unter Muskelverspannungen, Gelenkbeschwerden oder rheumatischen Erkrankungen leidet, kann Erleichterung erfahren.

Leicht ums Herz wird dem Besucher auch beim bloßen Betrachten des Kreidesees. Zur Uferkante sollte ein sicherer Abstand gewahrt werden – es geht direkt viele Meter in die Tiefe. Hier ist es angebracht, in der Stille zu verweilen, zu staunen und zu lauschen und sich voll und ganz dieser Harmonie hinzugeben.

TIPP
Eintauchen in die Geschichte: In Gummanz bei Sagard befindet sich Europas einziges Kreidemuseum.

● Kreidesee Dargast, 18546 Sassnitz
● ÖPNV: RE 9, Haltestelle Sassnitz Lancken; Bus 13, 14 und 22, Haltestelle Sassnitz Friedhof; Stadtbus 18, Haltestelle Am Kreidebruch

Ein Konzept, das schmeckt

61 Frische Ideen und Taten in Schillings Gasthof

Nicolle und Mathias Schilling leben seit mehr als zehn Jahren mit ihren Kindern auf der 75 Hektar großen Insel Öhe gegenüber vom Hafen Schaprode und der Insel Hiddensee – zusammen mit Rindern und Heidschnucken. Weniger als eine Minute dauert die Überfahrt zur großen Schwester Rügen. 2006 hat Mathias den idyllischen Familienbesitz im Nationalpark Vorpommersche Boddenlandschaft übernommen und dafür zusammen mit seiner Nicolle Berlin den Rücken gekehrt. Doch was macht man mit und auf einer Insel? Der studierte Landwirt möchte etwas Neues erschaffen und das erhalten, was bereits seinen Vorfahren wichtig war. So beschloss er, eine Bio-Rinderzucht zu betreiben. Die Wiesen auf der Öhe sind fruchtbar, die Ostseeluft ist gesund. Verarbeitet wird das Fleisch seiner Rinder und Schafe in der Rügener Landschlachterei. Erhältlich ist es im hauseigenen Hofladen neben Schillings Gasthof in Schaprode. Mathias ist nicht nur Landwirt, sondern auch gelernter Hotelkaufmann. So weit, so gut. Doch Nicolle und Mathias haben noch mehr Pläne. Da ihnen ihr Zuhause sehr am Herzen liegt und sie sich hier so wohlfühlen, möchten sie etwas zurückgeben. Weil die Fischer in der Region um ihre Zukunft bangen und nur schwer von ihrem Fang leben können, hilft Familie Schilling den sturmerprobten Männern bei der Verarbeitung und Vermarktung ihrer Produkte. So ist Mathias die treibende Kraft im Verein Hiddenseer Kutterfischer, der aus aktiven Fischern aus Vitte besteht. Ziel ist der Erhalt der regionalen Küstenfischerei. Damit der Fisch nicht im internationalen Großhandel verschwindet und die Fischer höhere Gewinne einfahren, zahlt ihnen die Schillings mehr Geld für ihren Fang. Mittlerweile ist der Fisch aus den Gewässern vor ihrer Haustür sogar im KaDeWe in Berlin zu finden. Und damit auch Feinschmecker auf Rügen und Hiddensee in den Genuss der fangfrischen Köstlichkeiten und des zarten Fleischs der Öhe kommen, haben Nicolle und Mathias gastronomische Einrichtungen in Kloster, Vitte und Neuendorf eröffnet. Erkennbar sind sie an der unverwechselbaren Handschrift der beiden, am modernen Konzept und an der stilvollen Ausstattung. Regionaler geht es nicht.

- Schillings Gasthof, Hafenweg 45, 18569 Schaprode, Tel. (03 83 09) 12 16 www.schillings-gasthof.de
- ÖPNV: Bus 35, Haltestelle Schaprode

Lietzow und Spitzer Ort

62 Bodden-Spaziergang mit Schloss-Romantik

In Lietzow treffen der Kleine und der Große Jasmunder Bodden aufeinander. Durch einen Damm sind sie seit 1869 voneinander getrennt. Eine Schleuse verbindet die beiden Gewässer miteinander. Eisenbahntechniker Bopp, auch Baumeister der Bahnstrecke, verliebte sich in diesen Landstrich und ließ um 1893 auf einer Anhöhe ein Schlösschen im mittelalterlichen Stil errichten. Das von allen Seiten gut sichtbare weiße Schlösschen mit seinem hohen, schlanken Turm ist die kleine Schwester vom Schloss Lichtenstein bei Reutlingen in der Schwäbischen Alb. Die vom Niederrhein stammende heutige Besitzerin übernahm es Ende der 90er-Jahre in einem desolaten Zustand und ließ es aufwendig restaurieren.
Wer einen Abstecher über die Bahnschienen in Richtung Kleiner Jasmunder Bodden unternimmt, entflieht jeglicher Hektik. Bei einem Spaziergang um die kleine Landzunge Spitzer Ort herum kommt der Geist zur Ruhe. Vom ehemaligen Güterbahnhof, der bis 2018 als Bücherbahnhof genutzt wurde, führt ein schmaler Pfad am schilfbewachsenen Ufer entlang. Fischerboote liegen am Ufersaum. Der 28,4 Quadratkilometer Kleine Jasmunder Bodden ist fischreich. Hechte, Aale, Barsche und Flundern schwimmen darin. Nach frostreichen Tagen und einsetzendem Tauwetter im Winter treibt der Wind Eisschollen ans Land. Wie eine liebliche Melodie klingt es, wenn die Schollen aneinandergedrückt und zusammengeschoben werden. Weit reicht der Blick über den Bodden. Die Halbinsel Pulitz ragt südwestlich hinein, ein ausgewiesenes Naturschutzgebiet. Weiter geht es an einer Fischräucherei vorbei. Wieder auf dem Hauptweg führt der Weg über die Bahnschienen zurück nach Lietzow – oder aber weiter zu den Feuersteinfeldern zwischen Prora und Neu Mukran in östliche Richtung. Auf einer Fläche von 40 Hektar befinden sich hier etwa zwei Kilometer lange, äußerst sehenswerte Wälle aus Feuersteinen, die während starker Sturmfluten vor 3500 Jahren aus den Kreideablagerungen der Insel ausgebrochen und angespült worden sind.

- Spitzer Ort, 18528 Lietzow
- ÖPNV: RE 9 und Bus 12, Haltestelle Lietzow

Freier Blick über Stralsund

63

Leichtigkeit auf dem Turm von St. Marien

„Man sieht nur, was man weiß", bemerkte Johann Wolfgang von Goethe einst. Aber ist das wirklich so? Muss man wirklich wissen, dass St. Marien nach der Ersterwähnung 1298 und dem Einsturz im Jahr 1382 ab 1416 in der jetzigen Gestalt aufgebaut wurde? Dass sie die größte der drei Backsteinkirchen Stralsunds ist, ahnt man doch ohnehin, wenn man sich dem roten Bau nähert, der sich aus der Ferne fast wie eine Festung über die Bäume des Kirchhofes und die Häuser der Stadt erhebt. Und je näher man tritt, umso imposanter wird der Eindruck. Doch nicht klein fühlt man sich in der Nähe von St. Marien, sondern empfangen, eingeladen in den hellen Innenraum mit dem gotischen Gewölbe und den Malereien und Schnitzfiguren aus dem 15. Jahrhundert. Nein, man muss die Jahreszahlen nicht kennen, denn es ist das Unsichtbare der Kirche, was ihre Besonderheit ausmacht, etwas, das sich nicht in Worte fassen lässt, was den Besucher verstummen und sich dem Augenblick hingeben lässt. Es ist nie ganz still in dem fast 100 Meter langen Innenraum, der um 1810 den französischen Besatzungstruppen als Kaserne diente und als Heumagazin. Wo damals Soldatenstiefel über den Steinboden, die Grabplatten krachten, gehen jetzt die Besucher. Ihre gesenkten Stimmen schweben 30 Meter in die Höhe an die schlicht gegliederten Säulen, und hallen flüsternd von den Fenstern und dem freundlichen Altar, auch aus dem 15. Jahrhundert wider.

TIPP

Fast täglich werden Führungen durch die Basilika angeboten.

Jetzt heißt es: Hinauf auf den Turm! Über 150 Meter ragte einst die Spitze in den Himmel, nach dem Brand um 1650 wurde die immerhin noch 100 Meter hohe barocke Haube aufgesetzt. Also hinauf, zuerst die steinerne Wendeltreppe, dann an den Glocken vorbei die schmale Holzstiege bis zur Plattform in 90 Metern Höhe. Man atmet schwer, aber man atmet glücklich und frei und genießt den Blick über die gesamte wunderbare Stadt. Und wenn man ganz großes Glück hat, dann hat man nicht nur die Jahreszahlen vergessen, sondern auch alles Erdenschwere, hier oben, auf dem Turm von St. Marien.

● St. Marienkirche, Marienstraße 16, 18439 Stralsund
www.st-mariengemeinde-stralsund.de

● ÖPNV: RE 9, Haltestelle Stralsund Hauptbahnhof;
Bus 1 und 30, Haltestelle Marienkirche (ehem. Busbahnhof)

Ein UFO an der Ostsee

64 Der Müther-Turm in Binz

Hauptsächlich für seine Seebad-Architektur ist Binz bekannt, für weiße Villen mit Wintergärten und Geranien davor. Der Besucher schlendert den Strand entlang, schaut und genießt. Und dann steht dort plötzlich ein Gebäude, das wie ein Fremdkörper anmutet, und sich gleichzeitig mit den gerundeten Kanten und den allseitigen Glasfronten wie ein Fenster zur Ostsee darstellt. Und genau das war es bei seiner Errichtung auch: Als Rettungsturm der Binzer Strandwache, mit Ausblick nach allen Seiten, wurde der Bau aus nur wenige Zentimeter starken, gebogenen Betonschalen im Jahr 1981 fertiggestellt. Benannt ist er nach seinem Konstrukteur Ulrich Müther, der 1934 in Binz geboren wurde. Mit seinen Hypar-Schalen (hyperbolische Paraboloide) erlangte der DDR-Architekt internationale Bedeutung als Baumeister der Moderne. So entstammen unter anderem auch der Rostocker Teepott oder die Mehrzweckhalle in Magdeburg seinen kühnen Visionen. Sich selbst nannte er bescheiden einen „Landbaumeister von Rügen". Immer hat Ulrich Müther versucht, die Möglichkeiten der neuen Bauweise dem konkreten Ort anzupassen, der Besonderheit des Bauwerkes, an dem er sie einsetzte.

TIPP Weitere Müther-Bauten befinden sich in Sellin und Baabe.

Im Jahr 2004 musste der als Experimentalbau konzipierte Aussichtsturm geschlossen und saniert werden, denn die salzhaltige Luft und kondensierte Feuchtigkeit hatten den Beton und die Holzeinbauten angegriffen. Doch nach einer aufwendigen Sanierung strahlt das UFO am Strand von Binz wieder, schmiegen sich seine Rundungen in den Wind, öffnet es den Blick auf Wellen und Villen und vor allem: lädt es den staunenden Besucher zum Betreten ein. Besonders die verliebten Besucher lädt er ein, denn der Müther-Turm ist eine Außenstelle des Standesamtes der Gemeinde Binz. Bis zu zwölf Personen können zur feierlichen Eheschließung an dem Tisch mit den weißen Stühlen Platz nehmen. Der Boden ist mit feinem Ostseesand bedeckt, der Blick geht hinaus auf das weite Meer, wo die weißen Möwen fliegen. Wenn das kein Glück bringt …

- Müther-Turm, Strandpromenade (Strandzugang 6), 18609 Ostseebad Binz, Standesamt der Gemeinde Ostseebad Binz, Tel. (03 83 93) 3 74 28 www.ostseebad-binz.de
- ÖPNV: RE 9 und Rasender Roland, Haltestelle Binz; Bus 22, Haltestelle Binz Ortsmitte; Bus 24, Haltestelle Binz Großbahnhof; Bäderbahn und Bus 27, Haltestelle Haus des Gastes

Eine Schatzkammer

65 Feinste Regionalwaren und Töpferei aus Ginst

Es gibt einen Spruch, der besagt, dass ein kluger Ehemann seiner Frau nur das teuerste Porzellan kauft, weil er dann sicher sein darf, dass sie es nicht nach ihm wirft. Auch bei der Keramik von Töpfermeisterin Ros-witha Burgmann-Seewald würde wohl keiner auf die Idee kommen, es zu werfen. Frei gedreht und mit Rügener Kreide glasiert, sind die liebevoll mit Blümchen, Feen, Königinnen, Hexen, Meerjungfrauen und Fräuleins verzierten Tassen, Teller, Schüsseln und Kannen wahre Schätze. In ihrer Werkstatt in Schweikvitz gefertigt, sind sie heute in ihrem Lädchen Töpferei & Feinste Regionalwaren am Gingster Markt erhältlich. Das Haus, in dem die in Leverkusen geborene Mutter von zwei Kindern zusammen mit ihrem Mann Lothar – einem gemütlichen Naturkosteinzelhändler – das Geschäft betreibt, war früher ein Seifenladen. Und weil das sympathische und weltoffene Unternehmerpärchen ein Herz für Traditionen hat und kleinen Erzeugern ein Standbein geben möchte, verkaufen sie dort auch heute noch Seifen. In Schränken aus der guten alten Zeit sind sie liebevoll dekoriert, daneben Naturkosmetik aus Rügener Heilkreide, Blütentees, Honig, Konfitüren von der Sanddornhexe, Sanddornsaft, edle Brände aus der 1. Rügener Edeldestille, Wolle vom Rauhwolligen Pommerschen Landschaf. In der Kühltheke sind Joghurt von der Inselmolkerei Inselfrische, verschiedene Sorten Käse und Bio-Fleisch aus Mecklenburg-Vorpommern zu finden. Postkarten, illustrierte Papierwaren, Aquarelle und Grafiken zieren die bunten Wände. Wer Zeit hat, genießt Lothars Milchkaffee, den er unter viel Rühren und mit warmen Worten zum Kochen bringt. Bei Schietwetter an der Essgruppe am Fenster, über dem ein Schwarm bunter Papierfische baumelt. Bei Sonnenschein und warmen Temperaturen im Schatten alter Bäume zwischen Rosen und Spalierobst im Garten hinter dem Haus. Über allem thronen Roswithas Gartenfiguren. Die Töpfermeisterin sprudelt vor Ideen, ihre Begeisterung für eine bessere Welt spiegelt sich auch in ihren Projekten wider.

- Feinste Regionalwaren und Töpferei, Markt 4, 18569 Gingst, Tel. (03 83 05) 6 00 86 www.toepferei-regionalwaren.de
- ÖPNV: Bus 35, 37 und 41, Haltestelle Gingst oder Gingst Schulhof (Wendeschleife)

RÜGEN
LAURETANA

Frisch geräuchert und stilecht

66 Fisch vom Kutter des Bürgermeisters

Was dem Sachsen seine Eierschecke, dem Thüringer die Brat- und dem Berliner die Currywurst, das ist dem Norddeutschen, erst recht dem Inseltouristen das Fischbrötchen: Imbiss zu jeder Tageszeit, schnelle Stärkung auf Wanderungen, vollwertiger Ersatz für im Sitzen eingenommene Tellergerichte. Fangfrisch gibt es den Fisch auf Hiddensee, geräuchert, eingelegt oder klassisch als Matjes.

Natürlich kann man von Stand zu Stand gehen und probieren, sei es am Hafen von Neuendorf oder Vitte oder in einem der vielen Gasthäuser. Aber man kann auch direkt den großen, dunklen Kutter ansteuern, der im Hafen von Kloster liegt, dort gleichsam die Ankommenden begrüßt und die Abreisenden mit einem Hauch von Wehmut zurückblicken lässt.

TIPP

In den Sommermonaten werden im Hafen regelmäßig Kapitänsabende veranstaltet, mit Grillgut und Livemusik.

Je nach Stand des Windes nimmt man weithin den Duft des Räucherofens wahr, denn was hier frisch gefangen ankommt, wird auch vor Ort geräuchert und verkauft. Besitzer des Kutters ist Thomas Gens, der oft selber hinter dem Tresen steht, dort die Brötchen reichlich mit Räucherlachs oder frischem Matjes belegt. Fast meint man sich zu irren, doch ist dann sicher, sein Gesicht schon bei der Anreise auf Plakaten gesehen zu haben. Denn Thomas Gens ist außerdem auch der Bürgermeister von Hiddensee. Es ist ein Ehrenamt und so betreibt er mit gleicher Freude das Amt und die Fischerei.

Sein Kutter ist mehr als eine schwimmende Imbissbude. Schon wenn man über die schiefen Planken hinab in den Bauch des Schiffes steigt, wird man von dem urigen Flair des Raumes umfangen, dem Duft nach feuchtem Holz und natürlich nach Geräuchertem, das es – je nach Fang – meist in großer Vielfalt gibt. Man holt sich das eine oder andere, schwankt die Schräge hinauf zum Bug und setzt sich auf eine der hölzernen Bänke zwischen Segelrahen und schwarzen Tauen. Und während man sich dem Aroma des frischen Fisches hingibt, geht der Blick hinaus über die Mole, über die kleinen Yachten und großen Fähren im Hafenbecken, über das glitzernde Wasser in den blauen Himmel.

- Fischkutter von Thomas Gens, Hafen, 18565 Kloster
- ÖPNV: Inselbus 59, Haltestelle Kloster Hafenweg

Inselklang und Seeadler

67 Positive Energie am Schmachter See

Wenn die Sonne untergeht und sich Schatten über den feinen Sandstrand von Binz legen, wird es höchste Zeit, die Seiten zu wechseln. Am Schmachter See im Westen des größten Rügener Ostseebades – und etwa 700 Meter vom Strand entfernt – erfreut man sich an feinster Sonnenuntergangsstimmung. Wenn man dann noch das große Glück hat, einen Platz auf einer der Bänke zu ergattern, stehen die Zeichen auf viel positive Energie und beste Unterhaltung. Es duftet nach Lavendel und würziger Seeluft.

Auch tagsüber lohnt sich das Verweilen. Der Blick schweift über den 135 Hektar großen Binnensee mit seinem schilfumrandeten Ufer. Gänse- und Zwergsäger, Drosselrohrsäger, ja, sogar See- und Fischadler haben hier ihre Heimat. Ein 27 Meter langer Steg führt von der Promenade auf den See hinaus, an seinem Ende steht eine Bank. Von hier aus kann man das Panorama auf sich wirken lassen, dem Plätschern des Wassers lauschen, in den Himmel schauen oder die hochgewachsenen Buchen bestaunen. Im Park der Sinne, der sich am Ufer entlangschlängelt, befinden sich Brunnen, Wasserläufe, Spielgeräte und viel Grün. Zu den dendrologischen Exoten gehören die Kugel-Steppen-Kirsche, die Wintergrüne Eiche und der Trompetenbaum. Von einem Aussichtsturm kann man die ganze Pracht überblicken. Der Park wurde im Jahr 2003 als Außenstandort der Internationalen Gartenausstellung (IGA) angelegt.

Wer gut zu Fuß ist, wandert am See entlang, vorbei an Erlenbrüchen und Sümpfen, durch Buchenwald und Schmacht, eine Siedlung am südlichen Teil, die dem See seinen Namen verdankt. Einen Rundweg gibt es nicht, aber gut ausgeschilderte Etappen.

TIPP

Das Naturerbe Zentrum Rügen bietet Expeditionen zum Buchenwald Fangerien am Nordwestufer des Sees an.

- Schmachter See, 18609 Ostseebad Binz, www.ostseebad-binz.de
- ÖPNV: RE 9 und Rasender Roland, Haltestelle Binz; Bus 22, 28 und Ortsbus 27, Haltestelle Binz Ortsmitte; Bus 24, Haltestelle Binz Großbahnhof

Nah am Wasser gebaut

68 Die schwimmenden Ferienhäuser von Lauterbach

Ein schwimmendes Haus mit viel Platz zum gemütlichen Beisammensein, ein Haufen netter Leute, ein gutes Essen, ausgezeichneter Wein. Das sind die Elemente für einen vergnügten Abend auf der Insel. Die Wasserferienwelt in Lauterbach bietet die perfekten Voraussetzungen für ein entspanntes Wochenende mit Freunden und für alle, die einen Tapetenwechsel brauchen. Für gemütliche Stunden mit der Liebsten oder dem Liebsten sind die neuen Pfahlhäuser ideal. Sie erinnern auf den ersten Blick an Wasserbungalows auf den Malediven. Der Greifswalder Bodden ist zwar nicht so warm und kristallklar wie der Indische Ozean, doch landschaftlich mindestens genauso reizvoll. Die Häuser bestehen allesamt aus Holz, verfügen über bodentiefe Fenster und über Terrassen, auf denen man unbeschwert über Stunden ankern kann. Die Wände sind von Künstlerhand bemalt. Ein Sprung in das Wasser ist der Energiekick für den Start in den Tag, dann bietet sich ein Spaziergang zum Bäcker an. Für Familien stehen größere Häuser zur Verfügung. Kriechen die Kleinsten aus ihren Kojen, können sie direkt den Spielplatz auf der Wiese entern. Frühstück gibt es natürlich auf der Terrasse auf dem Bodden. Und danach? Fast vor der Haustür beginnt das Waldgebiet Goor mit seinen Baumriesen und Wanderwegen durch sattes Grün und am Hochufer entlang. Im Frühjahr ist der Boden mit Anemonen bedeckt. Der Pfad der Muße und Erkenntnis führt an Hügelgräbern und Mooren vorbei. Der erste Teil des Weges bietet immer wieder traumhafte Ausblicke auf die Boddenküste. Wassersportbegeisterte können auf dem Greifswalder Bodden segeln oder Kajak fahren. Abends trifft man sich zur Schnippel-Party in der Küche. Zutaten für ein gutes Essen gibt es inselweit in Hofläden, in echter Handarbeit hergestellte Nudeln direkt am Hafen. Wer kein Getue mit Töpfen und Pfannen haben möchte, sucht sich ein gemütliches Plätzchen in dem zur Wasserferienwelt gehörenden Restaurant Kormoran und genießt den Blick über Bodden und Wald.

- Schwimmende Ferienhäuser Lauterbach, Im Jaich Wasserferienwelt, Am Yachthafen 1, 18581 Putbus, www.im-jaich.de
- ÖPNV: PRE und Rasender Roland, Haltestelle Lauterbach; Bus 30, Haltestelle Lauterbach Hafen

Zeitloses Glück

69 Im Uhrenmuseum die Zeit vergessen

„Dem Glücklichen schlägt keine Stunde“ heißt es in Schillers „Wallenstein“. Im Uhren- und Musikgerätemuseum von Elfriede Sklorz in Putbus können Besucher die Zeit vergessen. Das Museum befindet sich im ehemaligen Badehaus mit üppig blühenden Rosenstöcken davor und stammt aus der Zeit, als Wilhelm Malte I. Fürst zu Putbus noch in der Stadt das Sagen hatte. Im Jahr 1999 erwarb Familie Sklorz das denkmalgeschützte Haus, um sich hier ihren Traum zu erfüllen. Damals waren Elfriede und Franz Sklorz bereits im Ruhestand. Hier fanden sie ausreichend Platz für ihre mehr als 1000 Exemplare umfassende Sammlung.

Die älteste Uhr stammt aus der Gotik-Zeit und ist eine von einem Schmied angefertigte Wanduhr aus dem 15. Jahrhundert mit nur einem Zeiger. „Aufgezogen wurde damals nach der Sonne“, erzählt die aus Oberschlesien stammende Elfriede Sklorz, die das Museum nach dem Tod ihres Mannes nun allein weiterführt. In Vitrinen sind Sonnenuhren, Kaminuhren, Stock- und Tischuhren aus verschiedenen Jahrhunderten aneinandergereiht, aber auch unzählige Armband- und Taschenuhren. „Die hat mein Mann damals Händlern abgekauft oder auf Flohmärkten entdeckt. Von Beruf war er nämlich Uhrenrestaurator“, erinnert sie sich gern an die Zeit zurück, als er hier im Museum noch an der Werkbank saß und sich stundenlang mit dem Mechanismus alter Uhren auseinandersetzte. Und irgendjemand kam immer vorbei, der vom alten Franz eine Uhr repariert haben wollte. „Kuckuck, Kuckuck“ ertönt es aus einem weiteren Raum. Kuckucksuhren so weit das Auge reicht. 54 Stück an der Zahl, handgeschnitzt und teilweise bunt bemalt.

In einer Schauwerkstatt sind Drehbänke zu sehen, alte Uhrmacherwerkzeuge und Maschinen. „Also alles, was der Uhrmacher braucht“, freut sich Elfriede Sklorz. Sie zeigt auf Schellack-Platten, Polyphone und Drehorgeln in einem Musikgeräteraum. „Die dürfen natürlich auch nicht fehlen“, schmunzelt sie und dreht schwungvoll an einer Kurbel. Fröhliche Musik erklingt. So wie zur guten alten Zeit.

- Uhren- und Musikgerätemuseum, Alleestraße 13, 18581 Putbus, Tel. (03 83 01) 60 98 88
- ÖPNV: Bus 30 und 31, Haltestelle Circus; Rasender Roland, Haltestelle Putbus

Eisenuhr
gefertigt im CJD Stuttgart
für einen musischen Wettbewerb
Braunschweig
Klassenarbeit – jedes Teil versehen mit
Namen des Herstellers
1983

Immer der Nase nach

70 Bärlauchfelder im Putbuser Schlosspark

Die Putbuser dürfen sich besonders glücklich schätzen. Sie leben dank ihrer üppigen Rosensträucher vor den weißen klassizistischen Bauten in einer Rosenstadt. Im Frühjahr rollt die Natur außerdem im Schlosspark einen weißen Teppich aus. Dieser besteht aus unzähligen Bärlauchblüten, auch Zigeunerlauch genannt. Man muss nicht mal der Nase nachgehen. Der Park ist übersäht mit dem stark nach Knoblauch riechenden Bärlauch. Der duften Pflanze werden Bärenkräfte zugeschrieben. So soll sie aufgrund ihrer ätherischen Öle und des hohen Vitamin-C-Gehaltes den Blutdruck senken und Hautausschlägen und Arterienverkalkung entgegenwirken. Sogar die Potenz soll sie steigern. Doch wie kommt dieses essbare Wildkraut überhaupt in den Park? Es wird angenommen, dass Zisterzienser-Mönche des Klosters Eldena, die als Einsiedler auf den Inseln Vilm und Oie lebten, das Wildgemüse in ihrem Kräutergarten anbauten. Und von dort aus hat ihn wahrscheinlich Fürst Malte mit in seinen Kräutergarten, den heutigen Rosengarten, genommen. 2018 wurde das Kraut mit den ersten „Bärlauchtagen Putbus“ gefeiert. Örtliche Gastronomen und ein Sterne-Koch boten feinste Kreationen an, auf Kräuterwanderungen wurde altes Wissen weitergegeben.

TIPP

In der warmen Jahreszeit werden Führungen angeboten. Termine bei der Stadtinformation erfragen.

Und wer schon mal im Schlosspark wandelt, entdeckt auch den Marstall und die Schlosskirche, ursprünglich das Kurhaus des Ortes. Oder das Mausoleum im neogotischen Stil und das frühere Affenhaus, heute Puppen- und Spielzeugmuseum. Das Schloss selbst wurde 1962 leider gesprengt und in den Folgejahren abgetragen. Nur die Pergola erinnert an die vergangene Pracht. Wo einst Fürst und Fürstin wandelten, werden heute Musikveranstaltungen und Messen durchgeführt. Zu den schönsten Veranstaltungen zählen das musikalische Picknick im Park, das Weiße Dinner und die LebensArt, eine Messe für Wohnen, Garten und Lifestyle.

- Schlosspark Putbus, 18581 Putbus
- ÖPNV: Bus 30 und 31, Haltestelle Circus; Rasender Roland, Haltestelle Putbus

Südseefeeling in Göhren

71 Ein Strandhaus am Rande der Welt

Strandhaus. Der Name ist Programm. Das Strandhaus 1 in Göhren ist der Treffpunkt für Künstler und Überlebenskünstler, Nachtschwärmer und Feinschmecker, Sofaabtaucher und Muschelsucher, Kaltbader und Langschläfer. Und das mitten in herrlichster Natur. Vor der Tür rauscht das Meer. Der Strand ist breit und feinsandig. Bäume bieten Schutz vor Wind und Sonne. Die Pension mit 13 Zimmern nennt den Strand ihren Garten. Morgens aufwachen und aufs Meer schauen – wie könnte ein Tag schöner beginnen? Doch auch wer nicht über Nacht bleibt und „nur" das gute Essen genießt, kommt im Strandhaus zur Ruhe. Ein paar Schritte weiter nimmt das Kliff an Höhe zu. Nordperd heißt die Landzunge, zu der es gehört, die hier beginnt und den östlichsten Punkt der Insel markiert. Kein Straßenlärm, kein Budenzauber. Der nächste Nachbar ist weit entfernt. Abends kommt man auf der Terrasse auf ein Glas Wein zusammen. Die Sonne färbt den Himmel und das Wasser orange bis glutrot. Noch immer ist der Strandsand warm, das Meer kommt langsam zur Ruhe. Der Laufsteg von Göhren, die 350 Meter lange Seebrücke, wird zum Motiv von Fotografen. In diesen Momenten laufen die Köche in der Strandhaus-Küche zur Höchstform auf. Es wird gebraten, gebacken und gekocht: Gulasch vom Wiesenlamm, Rumpsteak vom Neuseeländer Weiderind, Strandhaus Spare Ribs, Filet vom Landschwein, hausgeräucherte Landentenbrust. Gegessen wird draußen auf der überdachten Terrasse mit Blick ins Abendrot oder in der Kneipe mit der kleinen Bühne im Haus. Hier spielt die Musik: live und nicht vom Band. Gemütlich und familiär geht es hier zu. Die Atmosphäre ist herzlich, locker, ungezwungen. Und selbst wer alleine kommt, aber nicht alleine sein möchte, findet sich in bester Gesellschaft wieder. Ein perfekter Ort, um den Urlaubstag ausklingen zu lassen. Man ist nicht in einem der Cafés hier, sondern im Strandhaus am Rande der Welt. Von hier aus überblickt man das ganze Dasein.

- Strandhaus 1, Nordstrand 1, 18586 Göhren, Tel. (03 83 08) 2 50 97
www.strandhaus1.de
- ÖPNV: Rasender Roland, Bus 20, 21 und Ortsbus 26, Haltestelle Göhren Bahnhof

Glück lässt sich riechen

72 Inselseifen: Rügens erste Seifensiederei

Mit der Glücksseife fängt jeder noch so graue Morgen glücklich an: Die golden schimmernde Seife ist mit Olivenöl veredelt und duftet ganz wunderbar nach Freesien. Im Innern steckt ein Glücksstein aus buntem Glas. Hergestellt wird sie in Rügens erster Seifensiederei. Im Jahr 2007 von Anke Brüdgam in Sassnitz gegründet, erfreuen sich die Seifen größter Beliebtheit. Rasch stellte die 46-Jährige fest, dass sie in ihrem kleinen Lädchen in der Hauptstraße 19 Unterstützung brauchte. Auch ein größeres Ladenlokal musste her. Platz fand sie in der Blauen Stube, einem traditionellen Andenkengeschäft in der Hauptstraße 10, dessen Besitzer sich in den Ruhestand verabschiedeten. Heute spricht sie von einem großen Glück, dass sie das Haus mit den kunstvollen Wandbemalungen erwerben konnte. 2014 feierte die in Dranske wohnende Anke Brüdgam Eröffnung. Stolz konnte sie ihren Besuchern nun ihren lang gehegten Wunsch präsentieren: eine Schauwerkstatt. Kunden können sich seitdem selbst ein Bild von der Entstehung ihrer „Inselkinder" machen. So nennt die kreative Unternehmerin ihre duftenden Schätze, die allesamt in Handarbeit hergestellt werden. Ihre Seifen haben wohlklingende Namen: Inselgold ist eine transparente Seife mit Bernsteinen, Sanddornfruchtfleisch und den ätherischen Ölen Cedernholz, Rosmarin und Lemongrass. Die Blaue Ostseekreide enthält Rügener Heilkreide und Aloe-Vera-Öl. Ihr Geheimnis ist ein Glasstein in Form eines Fisches oder einer Muschel. Die Rügener Strandgutseife riecht nach Meer – oder nach mehr? Sie wurde mit feinstem Traubenkernöl und Rügener Heilkreide verfeinert. Im Innern verbirgt sich ein Donnerkeil von Rügens Stränden. Für alle, die Probleme mit dem Einschlafen haben und schwer zur Ruhe finden, könnte wohl die Traumschaf-Seife die richtige Wahl sein. Sie erinnert an frisch gemähtes Gras. Und alle Katzenliebhaber schwören auf die dunkelrote Kitty Cat, eine Seife, die nach Cranberry und Grapefruit duftet. Eine dufte Sache!

- Inselseifen, Hauptstraße 10, 18546 Sassnitz, Tel. (03 83 92) 67 55 00, www.inselseifen.de
- ÖPNV: Bus 14 und 23, Haltestelle Sassnitz Hauptstraße; Bus 13 und 22, Haltestelle Sassnitz Busbahnhof; Stadtbus 18, Haltestelle Hauptstraße

Aufs Wasser schauen

73 Panoramablicke in Altefähr

Einfach nur Wellen und Wolken beobachten. Ein Hoch auf die Impressionisten, die Mitte des 19. Jahrhunderts damit anfingen, in ihren Gemälden das Nichtstun zu würdigen. Lange galt bis dahin als faul oder träge, wer sich am Strand sonnte oder auf einer Wiese picknickte. Ein perfekter Ort zum Nichtstun ist das Strandbad in Altefähr und das weiter westlich verlaufende naturbelassene Ufer des Strelasunds, jener Arm der Ostsee, der die Hansestadt Stralsund von Rügen trennt. Seit Mitte der 1880er-Jahre „fliehen" Stralsunder aus ihren Straßen, um in der Badewanne vor den Toren ihrer Stadt Kraft zu tanken. Doch nicht nur Städter, auch Rüganer schätzen den Fährort. Nicht zuletzt, weil er seit kurzer Zeit auch mit einem schicken Sandstrand und einer neuen Promenade punkten kann. Wenn die Sonne glutrot hinter den Backsteinbauten verschwindet, erscheint die Silhouette der Hansestadt wie ein Gemälde.

TIPP
Am 1. Mai feiern die Altefährer ihr traditionelles Heringsfest am Strand.

Bereits um 1885 wussten die Menschen von der Kraft, die von dem Bade- und Ausflugsort ausgeht. Von einer wahren Völkerwanderung ist die Rede, die sich bei schönem Wetter sonntäglich gen Altefähr bewegte. Dichter Alexander Ettenburg, bekannt als der Einsiedler von Hiddensee, errichtete Ende des 19. Jahrhunderts am Hang eine Villa, die er als „Internationales Pensionat" nutzte. Ein Kurhaus wurde gebaut. Damit die Besucher freien Blick auf Stralsund hatten, wurden Büsche entfernt. 1908 entstand ein Damenbad, zwei Jahre später ein Herrenbad. Es gab in dem Fährdorf sogar Zeiten, da durften Frauen und Männer nur zu unterschiedlichen Zeiten baden. Heute zeigt man sich weltoffen. In den wenigen kleinen Gästehäusern und Gaststuben kommen Menschen aus aller Herren Länder zusammen. Angler treffen sich zum Klönsnack am Hafen, Segler und Surfer feiern an der Inselbar. In der warmen Jahreszeit legt mehrmals täglich ein Schiff der Weißen Flotte im Hafen an und bringt Leichtmatrosen nach Stralsund. Für Rügen-Besucher übrigens die entspannteste Art, in die Hansestadt zu reisen: Schon die Überfahrt macht glücklich.

- Altefähr, www.altefaehr.de
- ÖPNV: RE 9, Bus 1 und 41, Haltestelle Altefähr; Bus 30, Haltestelle Altefähr Bahnhof

Das Haus am See

74 Traumhaft und fernab der Stadt: Muglitz

Nur kurz mal die Zeit anhalten und träumen. Vielleicht von einem Haus am See? Von einem Strand, der nur uns alleine gehört? In der winzigen Ortschaft Muglitz bei Putbus gibt es solch einen Ort. Direkt am Naturstrand weckt ein schwedenrotes Haus Urlaubsträume. Hier eine Weile wohnen. Morgens die Fenster öffnen und auf das Wasser schauen, zum Handtuch greifen und über die kleine Wiese hinunter zum Naturstrand eilen. Mit der aufgehenden Sonne ziehen die ersten Segler vorüber und ein Schiff der Weißen Flotte bringt Leichtmatrosen in die Seebäder an der Südostküste. Die Insel Vilm scheint so nah wie von keiner anderen Stelle vom Land aus. Hinüberschwimmen und durch den gut sichtbaren Urwald wandern? Nein, an dieser Stelle muss zurückgerudert werden. Denn nur maximal 60 Personen dürfen das kleine Eiland südlich von Rügen pro Tag betreten. Das Motorschiff Julchen bringt sie von Lauterbach herüber. Eine noch kleinere Insel befindet sich dazwischen. Früher Entmagnetisierungsstation ist der Betonklotz auf 600 Holzpfählen heute das Zuhause von Kormoranen. Die Großvögel pfeifen auf die Pläne der Besitzer, die aus dem Boddenhaus einen Künstlertreff machen möchten. 700 Quadratmeter umfasst die künstliche Insel, die Insel Vilm hingegen bringt es auf 94 Hektar.
Wer die Stille und die Natur liebt, wird auch Muglitz lieben. Am Naturstrand ist man meistens unter sich. Die kleinen Buchten bieten den wenigen Nacktbadern Wind- und Sichtschutz und selbst an den heißesten Sommertagen ist der nächste Strandnachbar mindestens drei Steinwürfe weit entfernt. In dem Dörfchen selbst gibt es nur wenige Häuser. Doch keines fällt so sehr ins Auge wie das rote Haus direkt am Wasser. Ein asphaltierter Rad- und Wanderweg führt nach Putbus beziehungsweise in das etwa zehn Kilometer entfernte Sellin. Doch wer möchte schon weiterfahren, wenn er an einem Strand liegt, der einem ganz alleine gehört. Und das Haus am See? Vielleicht hilft es, beharrlich genug davon zu träumen …

- Muglitz, 18581 Putbus
- ÖPNV: Bus 31, Haltestelle Nadelitz, 2,5 Kilometer Fußweg

Sprachlos vor Schönheit

75 Sonnenuntergang am Strand von Vitte

Lang und schmal erstreckt sich die Insel Hiddensee in die Wellen der Ostsee. Tag und Nacht spült das Meer gegen den Weststrand, raubt ihm über die Jahre hier den Sand, den es auf der Ostseite anlagert, und hinterlässt dafür seine Schätze: Steine natürlich, in allen Größen, mit Kalklinien, die an Runen und Hieroglyphen erinnern, oder die begehrten Hühnergötter. Muscheln mit den feinen Bohrlöchern der Meeresschnecken sowie Algen mit ihrem würzigen Duft, rund gewaschene Holzstücke und natürlich Bernstein. Diesen findet man am ehesten nach den Stürmen im Herbst oder Frühling und am leichtesten, wenn man ihn gar nicht bewusst sucht. Denn das ist wohl das Schönste am Strand von Hiddensee: nichts zu wollen, außer den Sand unter den Füßen zu spüren oder die sanft auslaufenden Wellen und am Strand entlang nach Norden zu gehen, bis die lehmige Steilküste das Weitergehen verhindert, oder nach Süden, bis zum kleinen Leuchtturm auf dem Gellen. Oder müßig und genießend im Sand zu sitzen und den Blick für die Kleinigkeiten zu schärfen, denn auch im Sommer finden sich Bernsteinstückchen im dunklen Tang.

TIPP
Surf und Segel Hiddensee bietet zahlreiche Wassersportmöglichkeiten am Strand von Vitte an.

Natürlich kann man auch baden am Strand von Hiddensee. Schon am frühen Morgen stürzen sich die ersten (halb-)nackten Leiber in die Wellen, tagsüber sind die Strandkörbe voller Urlauber, Kinder bauen Sandburgen, legen Muster aus Strandgut und springen im flachen Salzwasser herum. Am Nachmittag kommen die Fischerboote herein. Selbst wenn die Herbstwinde über die Insel fegen und der Winter den Strand düsterer und stiller werden lässt, gibt es immer wieder Unerschrockene, die der Anziehungskraft des Meeres nicht widerstehen können.

Und am Abend versinkt hier die Sonne. Man setzt sich mit einem Glas Wein in den Sand. Wie die Pilger kommen nach und nach andere Inselbesucher über den Deich, einige bauen ihre Fotostative auf, vor der untergehenden Sonne fliegen Möwen über den farbenreichen Himmel.

- Strand Vitte, 18565 Vitte, www.seebad-hiddensee.de
- ÖPNV: Inselbus 59, Haltestelle Vitte Wallweg

Stralsunds reizvollste Seite

76

Im Rathausgang verlangsamt sich der Schritt

Die Historische Altstadt Stralsunds gehört zum UNESCO-Weltkulturerbe. Man spürt es beim Gang durch die kopfsteingepflasterten Gassen, beim Gang vorbei an den Backsteinbauten und den Kirchen, beim Gang entlang der Speichergebäude am Hafen. Doch es gibt einen Gang, an dem man unwillkürlich den Schritt verlangsamt, an oder besser: in dem man stehen bleiben möchte. Am liebsten möchte man sich auf die glatten Steine setzen und nur schauen. Denn viel gibt es zu sehen im Durchgang durch das Stralsunder Rathaus. Eigentlich sind es zwei Durchgänge, die das Erdgeschoss des prächtigen Gebäudes durchziehen. Bis zum Ende des 19. Jahrhunderts befanden sich hier neben der Polizeiwache mit Gefängniszellen und der Nachtwache die verschiedensten Amtsstuben, vor allem aber eine Vielzahl verschiedener Verkaufsstände und Läden – unter anderem für Butter, daher der Name Buttergang. Dieser öffnet sich direkt dem Westportal der Nikolaikirche, dessen reich gestalteter Bogen schon vom Lichthof des Rathausinneren zu sehen ist. Kaum weiß man, wohin man sich wenden soll, und so bleibt man am besten dort stehen, im Lichthof, der über zwei Geschosse ragenden barocken Galerie aus dem 16. Jahrhundert. Erhellt von einem lang gezogenen Glasdach, zeigt sich auch der Glanz und Prunk des Ortes. Üppig und bunt verziert sind die Sockel der Stützen mit ihren vergoldeten Kapitellen, aufwendig geschnitzt die Balustraden des oberen Umganges, und in einer Nische steht die Büste von Gustav II. Adolf von Schweden. Sie ist ein Geschenk der Gustav-Adolf-Stiftung Stockholm aus dem Jahr 1930 zur Erinnerung an den Aufenthalt des schwedischen Königs in Stralsund. Von den Besuchern und der Zeit geglättet sind die großformatigen Steinplatten, über die man schlendert und immer wieder den Kopf dreht, um auch nichts zu verpassen, kein Detail des wundervollen Innenraumes und keinen Blick durch die Fluchten der Gänge hinaus auf das Kirchenportal oder den Marktplatz oder hinauf in den Himmel. Welch Glück, dass die Rathausgänge auch heute noch kleine Läden und ein bezauberndes Café beherbergen.

TIPP

Zur Adventszeit findet im Ratskeller ein stimmungsvoller und gemütlicher Weihnachtsmarkt statt.

- Rathaus Stralsund, Alter Markt 10, 18408 Stralsund , www.stralsund.de
- ÖPNV: RE 9, Haltestelle Hauptbahnhof; Bus 1, Haltestelle Olof-Palme-Platz; Bus 30, Haltestelle Busbahnhof

Das leckerste Eis der Insel

77

Der Sommerpalast auf Hiddensee

Es gehört wohl zu den charmantesten Aspekten des Sommerpalastes, dass er kaum weniger palasthaft erscheinen könnte. Am Nordende von Vitte, ein wenig abseits des Hauptweges, nimmt der Spaziergänger am ehesten die hölzerne Terrasse des Pavillons wahr, der sich mit seinen großen Fenstern bescheiden hinter den hohen Bäumen zurückzieht. Und noch eher nimmt man die Kinder wahr, die auf dem Weg davor spielen, und unwillkürlich und mit einem Lächeln verlangsamt man seinen Schritt oder seine Fahrt. Und ohne es beabsichtigt zu haben, bleibt man schließlich stehen und stellt sein Rad zu den übrigen, die dort parken. Man kann sich der Einladung dieses Ortes nicht entziehen; seine entspannte und gleichzeitig lebenslustige, muntere Atmosphäre macht den Sommerpalast zu einer besonderen Insel auf der Insel.

Natürlich lockt im Sommer das kleine Fenster, aus dem heraus die Eismanufaktur das wunderbarste Eis aus Inselfrüchten verkauft, allen voran das cremige und aromatische Sanddorneis. Im Winter leuchten hohe Kerzen durch die frühe Dämmerung, drinnen wärmt der Kamin. Nur zu gerne gibt man sich dem Genuss hin und schlendert zwischen den schlichten Holztischen und hohen Regalen herum, in denen Kleinigkeiten zum Mitnehmen angeboten werden. Inselerinnerungen, Bücher und Spielzeug, Genähtes, Gestricktes und Getöpfertes, Karten und kleine Kunstwerke.

TIPP
Gegenüber dem Sommerpalast befindet sich ein Sportplatz, auf dem man die Kalorien gleich verbrennen kann.

Wenn es nicht zu voll in dem kleinen Laden ist, lassen sich die freundlichen Inhaber auf eine Plauderei ein und man erfährt, dass der helle Holzbau schon 1880 als Villa Antoinette erbaut wurde. Der Name Sommerpalast geht auf den Roman „Hiddensee“ von Adolf von Wilbrandt zurück, der 1910 erschien und dieses Gebäude zum Schauplatz hatte. Aber das ist eigentlich nicht wichtig, wenn man auf der Terrasse sitzt, am Espresso oder Prosecco nippt und der Blick vorbei an spielenden Kindern und hufklappernden Pferden über die Wiesen der Insel streift. Glücklicher war ein Palastbewohner nie.

- Sommerpalast Hiddensee, Norderende 156, 18565 Vitte/Hiddensee, Tel. (03 83 00) 60 39 51
- ÖPNV: Inselbus 59, Haltestelle Vitte Wallweg

Ein Bad mit Fürst Malte

78

Das Badehaus Goor in Lauterbach

Wer die fürstliche Allee entlangwandert, wird nicht nur mit einem schönen Blick auf den Yachthafen von Lauterbach und die Insel Vilm belohnt. Am Ende des Weges erscheint ein prachtvolles Badehaus mit 18 dorischen Säulen wie Phönix aus der Asche. Weiß schimmert es durch die Äste. Bauherr war Wilhelm Malte zu Putbus. Der Ortsgründer von Putbus ließ das Gebäude 1818 als Badehaus errichten, weil die Nachfrage nach Badegelegenheiten in der Stadt das Angebot überstieg. Für die warmen Seebäder stand bis dahin das Bussertsche Badehaus zur Verfügung. Einen Badeplatz für die kalten Seebäder gab es in Neuendorf. Das Badehaus Goor entwickelte sich zu einem vornehmen Seebad, übrigens das erste auf Rügen. Alexander von Humboldt, Reichskanzler Bismarck und andere prominente Gäste badeten in dem Prachtbau im klassizistischen Stil. „Das Hotel war wunderbar still; keine Touristen kamen spätabends zurück, alle schienen außerordentlich zeitig schlafen zu gehen. Wenn ich gegen zweiundzwanzig Uhr vom Wasser heraufkam, lag das ganze Haus in so tiefem Schweigen, dass ich unwillkürlich auf Zehenspitzen durch die Gänge schlich und ein schlechtes Gewissen hatte", schrieb seinerzeit Elizabeth von Arnim in ihrem Reiseroman. Lauterbach bezeichnet sie in ihren Aufzeichnungen als einen der bezauberndsten Orte. 1817 wurde der Grundstein für das Badehaus Goor gelegt – mit Speisesaal, Salons, Logierzimmern, Wirtschaftsräumen und Zellen für Warmbäder. Das Wasser wurde direkt aus der Ostsee gepumpt. Nach dem Zweiten Weltkrieg erholten sich hier Arbeiter des VEB Bandstahlkombinats „Hermann Matern" Eisenhüttenstadt. Nach 1993 verfiel das Traditionsgebäude. Von der traumhaften Lage und der Architektur begeistert, kaufte es das Unternehmerpaar Raulff – sie führen auch das Schloss Ralswiek und das Kurhotel sowie das Rügenhotel in Sassnitz – und holten es aus dem Dornröschenschlaf. Ein Hotelneubau wurde errichtet. 2007 konnte die Eröffnung gefeiert werden. Gebadet wird heute in einem Solebecken oder in einem Süßwasser-Pool. Fürst Malte hätte es gefallen.

- Badehaus Goor, Fürst-Malte-Allee 1, 18581 Lauterbach, Tel. (03 83 01) 8 82 60 www.hotel-badehaus-goor.de
- ÖPNV: PRE und Rasender Roland, Haltestelle Lauterbach; Bus 30, Haltestelle Lauterbach Hafen

Durch Rügens grüne Tunnel

79

Unterwegs auf der Deutschen Alleenstraße

Das Leben ist eine Reise. Wer sich für eine Fahrt durch die grünen Tunnel von Rügen entscheidet, erlebt malerische Dörfer und Städte mit Geschichte, sattes Grün und Ecken mit Weitblick, Kopfsteinpflaster und Asphalt. Die Deutsche Alleenstraße beginnt am Kap Arkona im hohen Inselnorden bzw. im Ostseebad Sellin im Südosten und setzt sich rund 2900 Kilometer in südlicher Richtung fort. Auch wenn die Alleen nicht lückenlos sind, ist es äußerst lohnenswert, durchzufahren – und anzuhalten. In Lancken-Granitz zum Beispiel. In südwestlicher Richtung hinter dem Ortskern befindet sich ein eindrucksvolles Hünen- und Hügelgräberfeld aus der Jungsteinzeit. Auf dem Abschnitt zwischen Putbus und den Ostseebädern waren schon der Fürst zu Putbus und seine Gäste unterwegs, um im klaren Ostseewasser an der Südostküste Rügens zu baden. Teilweise verläuft die Alleenstraße parallel zur Kleinbahntrasse. Alle zwei Stunden schnauft das alte Dampfross Rasender Roland vorbei. Hochgewachsene Linden säumen die Straße nach Garz. Das Blätterdach ist hier im Sommer fast vollständig geschlossen und die Fahrt ein echtes Naturerlebnis. Garz selbst lockt mit kleinen Gassen, Bürger- und Handwerkerhäuschen. Die Felder links und rechts der Alleenstraße in südwestliche Richtung sind im Frühjahr und Herbst gern genutzte Rastplätze von Kranichen. Poseritz ist das nächste Ziel der Reise. In der Dorfkirche St. Marien kann eine Rokokokanzel des Stralsunder Meisters Jacob Freese von 1755 bestaunt werden. Kurvenreich ist die Fahrt nach Gustow, das nächste größere Dorf auf der Strecke. An der Hauptstraße thront eine dreischiffige Pfarrkirche. Sind kleinere Kinder an Bord, lohnt in Gustow ein Abstecher auf den Spielplatz gegenüber der natur Insel (Bioladen). Wenige Kilometer hinter Gustow wird die Silhouette von Stralsund mit der Werfthalle und der eindrucksvollen Rügenquerung mit ihrer 128 Meter hohen Pylonbrücke sichtbar. Weiter geht es nach Stralsund oder zurück über die Insel.

TIPP

Himmelfahrt finden auf der Alleenstraße die Rügenclassics mit Oldtimern bis Baujahr 1988 statt.

- Deutsche Alleenstraße, www.alleenstrasse.com
- ÖPNV: Auf der Deutschen Alleenstraße verkehren Busse der VVR, im Sommer z. T. mit Fahrradanhänger, www.vvr-bus.de

Der Mittelpunkt der Welt

80 Unter den Strahlen vom Leuchtturm Dornbusch

Schon bei der Überfahrt, am Hafen von Schaprode, sieht man das nördliche Hügelland und den Leuchtturm mit seiner kleinen roten Kappe darauf. Wenn es ein Wahrzeichen Hiddensees gibt, dann ist er es. Auf einer Höhe von 72 Metern steht seit 1888 der 28 Meter hohe Turm und damit es auf der schmalen Plattform nicht zu eng wird, dürfen nur 15 Besucher gleichzeitig die 102 Stufen hinaufsteigen. So weit die Fakten. Natürlich kann man den Hauptweg hinaufsteigen auf das Hügelland, den Dornbusch, über die trapezförmigen Betonplatten aus DDR-Zeiten, die noch die Stempel der Betonwerke tragen. Doch viele Wege führen hinauf und die schöneren sind schmal, neben dem Hauptmann-Haus beginnend zum Beispiel oder der Bäckerei vom Kirchweg in Kloster, immer hinauf die sandigen Pfade. Über Wiesen mit Ginster und Königskerzen, vorbei an Sanddorn-, Brombeer- und Wildrosensträuchern. Und schon auf der höchstgelegenen Wiese hat sich der Weg gelohnt: Beim Aussichtpunkt Großer Inselblick liegt das ganze Hiddensee vor einem, zwischen den Wassern zieht es sich bis zum dunstigen Horizont. Das Waldstück, das man dann betritt, ist der Hexenberg, und plötzlich sind Vögel und Grillen verstummt, dafür lässt der Wind die hohen Bäume knarren. Zwischen den Büschen und gebrochenen Ästen sieht man die Spuren der Wildschweine, im Winter die Fährten von Rehen und Füchsen. Der Hochuferweg verläuft entlang der Steilküste, immer wieder öffnet sich der Blick auf das weite, glänzende Meer. Dann erreicht man den Klausner, die höchstgelegene Gaststätte der Insel. Und dahinter der Leuchtturm, nur noch wenige Schritte entfernt leuchtet er zwischen den Windflüchtern, den geduckten Kiefern. Besonders lohnt sich der Weg hierher nach Einbruch der Dunkelheit. Den wohligen Schauer der Nacht in sich, steht man direkt unter dem Turm, hört das leise Surren des Motors. Seine Strahlen bilden auf dem Hügel eine Lichtkuppel und für einen Moment ist hier der Mittelpunkt der Welt.

- Leuchtturm Dornbusch, Im Dornbuschwald, 18565 Kloster
  www.seebad-hiddensee.de
- ÖPNV: Fähre Schaprode – Kloster/Hiddensee; Inselbus 59, Haltestelle Grieben, von Kloster 1,5 Kilometer Fußweg